다국어
요리백과

행복반찬

다국어
요리백과

행복반찬

청원군 다문화 가족지원센터
충북대학교 국어문화원 번역·감수

행 복 반 찬

幸福小菜

幸せな食卓

NHỮNG MÓN ĂN HẠNH PHÚC

Аз жаргалтай хачир

이담 Books

다국어 요리백과 '행복반찬'으로
다문화 가정의 행복을 키워요!

낯선 여행지에서 현지인들과 가장 친숙해지는 방법 중 하나가 그들의 음식을 직접 맛보는 일이라고 합니다. 그만큼 음식은 문화를 이해하는 데 있어 중요한 역할을 합니다.

한국 문화의 특성상 아내가 식생활의 대부분을 전담하는 전통 탓에 결혼이민여성들의 부족한 한국 음식 솜씨와 한국 음식에 대한 부적응은 가족 관계에 큰 갈등 요소로 나타나고 있고, 더 나아가 한국어와 한국 문화가 익숙하지 않은 상황에서 한국어로 된 요리 방법으로 한국 요리를 배우며 겪게 되는 어려움은 결혼이민여성들의 자신감 부족, 부정적인 자아감을 유발한다는 결과 보고가 있습니다.

다국어 요리백과 『행복반찬』은 이런 문제점과 어려움을 개선하기 위하여 기획되었습니다. 마침 2009년 충북 공동모금회 테마 기획사업 『소외된 문화의 적극적 해결 프로젝트』의 지원을 받을 수 있어 드디어 결실을 맺게 되었습니다. 이 책은 가정에서 일상적으로 먹는 반찬 종류와 한식 요리를 계절별로 분류하여 구성하였으며, 결혼이민여성들이 가정에서 쉽고, 편안하게 한국 요리를 배울 수 있도록 결혼이민 여성들의 자국어(4개 국어)를 함께 수록하였습니다. 1차로 총 2,000부를 발간하여 지역의 다문화 가정에 배포하였으며, 전국 130여 개의 다문화가족지원센터의 신청을 받아 무료 배포를 하여 많은 다문화 가정에 도움을 드리는 계기를 만들었습니다. 또한 본 센터에서는 요리백과를 기초로 '행복반찬 배움터'(28회기)와 '행복반찬 나눔터'(24회기) 프로그램을 진행하여 다문화가정에 대한 지역 주민들의 인식 개선에 큰 효과를 보았습니다.

기존 요리책들보다 내용과 구성에서 미흡한 부분이 있지만, 결혼이민여성들이 실생활에 쉽게 이용할 수 있다는 효율성 때문에 다국어 요리백과『행복반찬』에 대한 문의가 쇄도하여 이렇게 한국학술정보(주)와 함께 요리백과를 재발간하게 되었습니다.

　아무쪼록 더 많은 다문화가정의 주부들이 가족 건강에 필요한 식생활 지식과 요리법 등을 습득하여 음식으로부터 오는 가족 구성원들과의 갈등을 해소하는 데 도움이 되었으면 하는 바람입니다. 더불어 가족 간의 원만한 관계 형성으로 안정된 가정생활과 한국생활에 정착하는 데 효과적으로 작용했으면 합니다.

　끝으로 다국어 요리백과『행복반찬』이 새로운 모습으로 발간되는 데 도움을 주신 많은 분들, 다시 한 번 힘을 보태 주신 충북대학교 국어문화원 김경렬 연구원님과 번역팀, 프로그램의 시작부터 끝까지 헌신해 주신 청원군다문화가족지원센터 연구개발팀(왕혜경, 홍경희, 변현숙 선생님), 이 일의 초석이 되어 주신 보혈선교수녀회 장영숙 지부장 수녀님과 공동체 모든 수녀님들에게 깊은 감사의 인사를 드립니다.

　이렇게 많은 분들의 수고와 지원 속에 재발간되는 다국어 요리백과『행복반찬』우리 다문화가족들에게 작게나마 행복을 가져올 수 있기를 바랍니다.

청원군다문화가족지원센터 센터장

이상화 수녀

Contents

봄 春天 春 Mùa xuân Хавар

여름 夏天 夏 Mùa hè Зун

겨울 冬天 冬 Mùa đông Өвөл

■ 부추전 144
韭菜饼
ブチュジョン(ニラ チヂミ)
Hẹ rán bột mì (Bu tru chơn)
Бүчү жон (Жууцайны гамбир)

■ 우거지갈비탕 152
干白菜排骨汤
白菜カルビタン
Canh sườn lá củ cải phơi khô (U cơ chi cal bi thang)
Үгожи калбитан (Үгожи хавиргатай шөл)

■ 새송이버섯 산적 146
松茸烹饪
セソンイボソ サンジョク(新松茸の串焼き)
Nấm thông rán (Se song y bơ sót san chóc)
Сэ суны босод санжог (Шинэ сэни мөөгний шорлог)

■ 우엉조림 154
炖牛蒡
ゴボウの煮つけ
Củ Ueong rim (U ơng chô rim)
Үон журим (Жигнэсэн үон)

■ 오곡밥 148
五谷饭
雑穀ご飯
Cơm ngũ cốc (Ô cộc bạp)
Угуг баб (Таван зүйлийн будааны холимог)

■ 육개장 156
细丝牛肉汤
ユッケジャン
Canh rau thịt bò (Yúc ke chang)
Юггэжан (Халуун ногоотой үхрийн махан шөл)

■ 오징어채 조림 150
鱿鱼丝烹饪
いか料理
Mực khô xé sợi rim (Ô ching ơ tre chô rim)
Ужиночэ журим (Хэрчсэн далайн арваалжны жигнэмэг

봄

春天

春

Mùa xuân

Хавар

가지나물

茄子菜
なすのナムル
Cà tím trộn (Cà chi na mul)
Гажи намул

❀ ❀ ❀ ❀ **재료**

가지 2개, 붉은 고추 1개, 파 1뿌리, 다진 마늘 2t, 진간장 2t, 식초 1t, 깨소금, 참기름 조금

❀ ❀ ❀ ❀ **조리방법**

① 가지를 반 자른 다음 5cm 길이로 잘라 흰 부분이 위를 향하도록 하여 찜통에 찐다.

② 붉은 고추, 파, 마늘을 곱게 다져준다.

③ ①을 채반에 담아 물기를 빼면서 식힌다.

④ ③을 길게 쭉쭉 찢어 놓는다.

⑤ 씨를 뺀 다진 고추, 다진 파, 마늘, 진간장, 깨소금, 참기름, 식초를 넣고 살짝 무친다.

✽ ✽ ✽ **材料**

茄子 2个，红辣椒 1个，葱 1根，蒜末 2汤匙，浓酱油 2汤匙，醋 1汤匙，芝麻盐，香油 少许

✽ ✽ ✽ **料理方法**

① 把茄子切半，按长5cm切好，白色部分朝上，放在蒸锅里蒸。
② 青辣椒、葱和蒜切碎。
③ 除去①的水分，使冷却。
④ 把③的茄子撕成长条。
⑤ 把辣椒去籽放入，再放入胡椒粉、葱花、蒜末、酱油、芝麻盐、香油和醋，凉拌即可。

✽ ✽ ✽ **なすのナムル**

茄子 2個、紅唐辛子 1個、ねぎ 1本、ニンニクのみじん切リ 2t、濃い口醤油 2t、酢 1t、ごま塩、胡麻油少量

✽ ✽ ✽ **料理方法(レシピ)**

① なすを半分に切りさらに5cmの長さに切り白い部分が上に向くようにして蒸し器で蒸す。
② 紅唐辛子、ねぎ、ニンニクをみじん切りにする。
③ ①をざるにとって水気を切りながら冷やす。
④ ③を長く裂く。
⑤ 種を除いて刻んだ唐辛子、ねぎとニンニクのみじん切り、醤油、ごま塩、ごまあぶら、酢を入れてあえる。

✽ ✽ ✽ **Nguyên liệu**

2 quả cà tím, 1 quả ớt đỏ, 1 phần thân trắng hành lá to daepa(đê pha), 2 thìa tỏi băm, 2 thìa xì dầu, 1 thìa dấm, một chút vừng rang muối(ke sô kưm) và một chút dầu vừng(trăm ki rưm)

✽ ✽ ✽ **Cách làm**

① Cà tím sau khi bổ đôi thì cắt thành đoạn dài khoảng 5cm, cho phần đầu trắng hướng lên trên vào nồi hấp.
② Ớt đỏ, hành và tỏi băm nhỏ ra.
③ Lấy ① ra khỏi nồi hấp rồi cho vào rá để ráo nước và làm nguội.
④ Xé ③ theo sợi dài.
⑤ Cho ớt đã bỏ hột băm nhỏ, hành băm, tỏi xì dầu, vừng rang muối, dầu vừng và dấm rồi trộn đều lên.

✽ ✽ ✽ **Гажи намул**

Гажи 2 ширхэг, улаан чинжүү 1 ширхэг, ногоон сонгино 1 ширхэг, татсан сармис 2 цайны халбага, удаан дарсан цуу 2 цайны халбага, цагаан цуу 1 цайны халбага, гүнжидийн үр, гүнжидийн тос бага зэрэг

✽ ✽ ✽ **Хоол хийх арга**

① Гажиг дундуур нь муваан 5 см-н урттай хэрчин жигнүүрт жигнэнэ.
② Улаан чинжүү , ногоон сонгино, татсан сармис жижиглэж хэрчинэ.
③ Гажиг нүхтэй тавганд тавьж хөргөнө.
④ Хөрсөн гажиг урт хэрчинэ.
⑤ Хэрчсэн чинжүү, сонгино, сармис, цуу, гүнжидийн үр, гүнжидийн тос, цагаан цууг гажид хийж холино.

고등어 김치찜

鲭鱼 (青花鱼) 泡菜汤
さばとキムチの煮物
Cá nục hầm kimchi (Ko tưng ơ kimchi chim)
Гудыно кимчи жим (Жигнэсэн кимчитэй амар загас)

❋ ❋ ❋ ❋ **재료**

고등어 1마리, 김치 1/4포기, 양파 1/2개, 대파 1/2뿌리, 풋고추 2개
양념장: 김칫국물, 고추장 1T, 고춧가루 1T, 다진 마늘 1T, 다진 생강 1t, 청주 1T

❋ ❋ ❋ ❋ **조리방법**

① 손질한 고등어는 토막을 낸다.
② 양념장을 만든다.
③ 고등어에 양념장을 고루 바른다.
④ 냄비에 양념을 털어낸 김치를 깔고 고등어를 올린다.
⑤ 고등어가 잠길 정도의 물을 넣어 센 불로 끓이다가 불을 줄이고 약한 불에서 조린다.

❀ ❀ ❀ ❀ **材料**

鲭鱼 1条，泡菜 1/4颗，洋葱 1/2个，大葱 1/2根，青辣椒 2个
调料：泡菜汤，辣椒酱 1汤匙，辣椒粉 1汤匙，蒜末 1汤匙，生姜末 1汤匙，清酒 1汤匙

❀ ❀ ❀ ❀ **料理方法**

① 把鲭鱼洗干净切段。
② 制作调味酱。
③ 在鲭鱼上均匀地涂上调味酱。
④ 在锅里铺上切好的泡菜，放入鲭鱼。
⑤ 加水，水面刚好没过鲭鱼，用大火煮，然后调成小火继续炖即可。

❀ ❀ ❀ ❀ **材料**

さば 1匹、キムチ 1/4 株、たまねぎ 1/2個、長ねぎ 1/2本、青唐辛子 2個
たれ：キムチ汁用スープ、コチジャン 1T、唐辛子粉 1T、ニンニクのみじん切り 1T、生姜のみじん切り 1t、日本酒 1T

❀ ❀ ❀ ❀ **料理方法(レシピ)**

① さばをさばいて切り身にする。
② 調味料を混ぜたれを作る。
③ さばにたれを均等に塗る。
④ 鍋に洗ったキムチを敷いてさばをその上にのせ。
⑤ さばが浸るほどの水を注いで強火で煮立てた後弱火で煮る。

❀ ❀ ❀ ❀ **Nguyên liệu**

1 con cá nục (kô tưng ơ), 1/4 bắp kimchi cải thảo, 1/2 củ hành tây, 1/2 phần thân trắng hành lá to daepa (đê pha), 2 quả ớt xanh
Gia vị: Nước kimchi, 1 thìa tương ớt (cô tru chang), 1 thìa hạt tiêu, 1 thìa tỏi băm, 1 thìa gừng băm, 1 thìa rượu cheongju (trơng chu)

❀ ❀ ❀ ❀ **Cách làm**

① Chặt cá nục đã làm sạch thành từng khúc.
② Làm gia vị.
③ Cho gia vị đều lên cá.
④ Trải kimchi đã gạt hết gia vị ớt xuống đáy nồi, cho cá nục lên trên.
⑤ Cho nước ngập cá, đun to lửa đến khi sôi thì giảm nhỏ lửa hầm đến khi gần cạn nước.

❀ ❀ ❀ ❀ **Орц**

Амар загас 1 ширхэг, кимчи 1/4 ширхэг, бөөрөнхий сонгино 1/2 ширхэг, ногоон сонгино 1/2 ширхэг, дутуу боловсорсон чинжүү 2 ширхэг
Амтлагч : Кимчины шөл, чинжүүн жан 1хоолны халбага, нунтаг чинжүү 1хоолны халбага, татсан сармис 1 хоолны халбага, татсан цагаан гаа 1 цайны халбага, цагаан будааны архи 1 хоолны халбага

❀ ❀ ❀ ❀ **Хоол хийх арга**

① Амар загасыг цэвэрлэж хэрчинэ.
② Амтлагчыг бэлдэнэ.
③ Амар загасанд амтлагчаа түрхэнэ.
④ Тогоонд кимчигээ дэлгэж тавьсны дараа анар загасаа хийнэ.
⑤ Анар загасаа далдлах төдий ус хийж хүчтэй гал дээр буцалгасны дараа зөөлөн гал дээр жигнэнэ.

김 무침

拌紫菜
ノリの和えもの
Trộn kim (Kim mu trim)
Ким мүчим (Амталсан далайн хинэ)

❀❀❀❀ **재료**

김 8장, 쪽파 2뿌리, 다진 마늘 1t, 통깨 1t, 참기름 1t, 진간장 2T

❀❀❀❀ **조리방법**

① 김은 불에 앞, 뒤로 살짝 굽는다.
② 구운 김을 비닐봉지에 넣어 잘게 부순다.
③ 쪽파는 잘게 썰어 놓는다.
④ 준비한 김에 진간장, 마늘을 넣고 버무린다.
⑤ 버무린 김에 쪽파, 통깨, 참기름을 넣어 함께 버무린다.

❀ ❀ ❀ ❀ **材料**

紫菜 8张，小葱 2根，蒜末 1汤匙
调料：芝麻 1汤匙，香油 1汤匙，浓酱油 2汤匙

❀ ❀ ❀ ❀ **料理方法**

① 把紫菜在火上前后稍微烤一下。
② 把烤好的紫菜弄碎，放在容器里。
③ 把小葱切碎。
④ 在紫菜中加入准备好的浓酱油、蒜末拌一下。
⑤ 再放入葱花、芝麻和香油、拌后即可。

❀ ❀ ❀ ❀ **材料**

のり 8枚、わけぎ 2本、ニンニクのみじん切り 1t
たれ： ごま 1t,胡麻油 1t,濃い口醤油 2T

❀ ❀ ❀ ❀ **料理方法(レシピ)**

① のりは火で両面をさっと焼く。
② 焼いたのりををビニール袋に入れて小さく砕く。
③ わけぎは刻んでおく。
④ 小さくしたのりを濃い口醤油、ニンニクであえる。
⑤ さらに刻んだねぎ、ごま、胡麻油を入れてあえる。

❀ ❀ ❀ ❀ **Nguyên liệu**

Nguyên liệu: 8 miếng kim, 2 phần thân trắng hành lá nhỏ jokpa (chốc pha)
Gia vị: 1 thìa tỏi băm, một thìa vừng rang, 1 thìa dầu vừng (trăm ki rưm), 2 thìa xì dầu

❀ ❀ ❀ ❀ **Cách làm**

① Nướng qua mặt trước, sau lá kim.
② Cho kim đã nướng vào túi ni lông rồi bóp vụn.
③ Thái nhỏ hành.
④ Cho xì dầu, tỏi vào kim đã chuẩn bị sẵn rồi trộn đều lên.
⑤ Cho hành, vừng, dầu vừng vào kim đã trộn đều đắp đều lên.

❀ ❀ ❀ ❀ **Орц**

Далайн хинэ 8 ширхэг, таримал ногоон сонгино 2 ширхэг, татсан сармис 1 цайны халбага
Амтлагч: гүнжидийн үр 1 цайны халбага, гүнжидийн тос 1 цайны халбага, удаан дарсан цуу 2 хоолны халбага

❀ ❀ ❀ ❀ **Хоол хийх арга**

① Далайн хинээ гал дээр 2 талаар нь шарна.
② Шарсан далайн хинээ гялгар уутанд хийж жижиглэж бутлана.
③ Таримал ногоон сонгиноо жижиглэж хэрчинэ.
④ Буталсан далайн хинэд удаан дарсан цуу, татсан сармис хийж холино.
⑤ Далайн хинэд таримал ногоон сонгино, гүнжидийн үр, гүнжидийн тосоо хийж хутгана.

김치찌개

泡菜汤
キムチチゲ（キムチ鍋）
Canh Kimchi (Kim chi chi ke)
Кимчи жигэ (Кимчитэй шθл)

❀❀❀❀ **재료**

배추김치(잘 익은 것) 1쪽, 돼지고기 목살 150g, 대파 1뿌리, 두부 1/2모, 멸치국물 4컵, 김칫국물 1/2컵, 생강 1t, 고춧가루 1T, 다진 마늘 1T, 청주 1T, 소금 · 후추 조금

❀❀❀❀ **조리방법**

① 배추김치는 소를 털고 김칫국물은 따로 받아둔 다음 2cm 길이로 썬다.
② 돼지고기는 먹기 좋게 썰고 소금과 후추, 김칫국물, 고춧가루를 넣어 무친다.
③ 대파는 어슷하게 썬다.
④ 냄비에 준비된 양념을 넣고 돼지고기와 배추김치를 볶는다.
⑤ 배추김치와 돼지고기가 볶아지면 멸치국물을 부어 끓인다.
⑥ 국물 맛이 우러나면 두부, 대파를 넣고 한소끔 끓여 낸다.

❀❀❀❀ 材料

白菜泡菜(完全入味的) 1条，猪脖子肉 150g，大葱 1根，豆腐 1/2块，鲲鱼（小银鱼）汤 4杯，泡菜汤 1/2杯，生姜末 1汤匙，辣椒粉 1汤匙，蒜末 1汤匙，清酒 1汤匙，盐 胡椒粉 少许

❀❀❀❀ 料理方法

① 把白菜泡菜弄干净，泡菜汤单独放在一边。把泡菜切成2cm左右长短。
② 把猪肉切成适中大小，加入盐、胡椒粉、泡菜汤和辣椒粉，拌一下。
③ 大葱切成同等分。
④ 锅里放入准备好的调料、猪肉和泡菜，翻炒。
⑤ 辣白菜和猪肉炒一会儿后，加入鲲鱼汤，开始煮。
⑥ 煮至出味儿时，放入大葱，再煮一会儿即可。

❀❀❀❀ 材料

白菜キムチ(よく漬かったもの) 1個、 豚の首肉 150g、長ねぎ 1本、豆腐 1/2丁、いわしのスープ 4カップ、キムチの汁 1/2カップ、生姜 1t、唐辛子粉 1T、ニンニクのみじん切り 1T、日本酒 1T、塩・胡椒少量

❀❀❀❀ 料理方法(レシピ)

① 白菜キムチはきれいに他の材料をとり、キムチの汁は別にとっておき 2cmの長さに切る。
② 豚肉は食べやすく切って塩と胡椒、キムチの汁、唐辛子粉を入れて混ぜる。
③ 長ねぎは斜めに切る。
④ 鍋に用意した合わせ調味料を入れて豚肉と白菜キムチを炒める。
⑤ 白菜キムチと豚肉をいためたらその中にいわしのスープをいれ煮る。
⑥ スープの味が浸み込んだら豆腐、長ねぎを入れてもう一度煮る。

❀❀❀❀ Nguyên liệu

1 góc kimchi cải thảo (loại chín kĩ), 150g thịt lợn loại nạc vai, 1 phần thân trắng hành lá to daepa (đê pha), 1/2 bìa đậu, 4 cốc nước ninh cá cơm, 1/2 cốc nước kimchi, 1 thìa gừng, 1 thìa ớt bột, 1 thìa tỏi băm, 1 thìa rượu cheongju (trơng chu), một chút muối và hạt tiêu

❀❀❀❀ Cách làm

① Kimchi cải thảo bỏ hết gia vị ớt bên trong, lấy nước kimchi ra riêng rồi thái kimchi thành khúc có độ dài khoảng 2cm.
② Thịt lợn thái vừa miệng ăn, cho muối, hạt tiêu, nước kimchi và ớt bột vào cùng rồi trộn lên.
③ Hành thái lát xéo.
④ Cho gia vị chuẩn bị sẵn vào nồi, xào kimchi và thịt.
⑤ Khi kimchi và thịt lợn đã xào xong thì đổ nước hầm cá cơm vào rồi đun sôi lên.
⑥ Khi nước canh đã lên vị thì cho đậu phụ, hành vào và đun thêm một chút là được.

❀❀❀❀ Орц

Кимчи (сайтар болсон) 1 ширхэг, гахайн хүзүүний мах 150гр, ногоон сонгино 1 ширхэг, дуфу 1/4, мёлчи загасны шөл 4 аяга, кимчиний шөл 1/2 аяга, цагаан гаа 1 цайны халбага, нунтаг чинжүү 1 хоолны халбага, татсан сармис 1 хоолны халбага, цагаан будааны архи 1 хоолны халбага, давс, перец бага зэрэг

❀❀❀❀ Хоол хийх арга

① Кимчиг 2см-н урттай хэрчинэ.
② Гахайн махыг тохирсон хэмжээгээр хэрчин давс, перец, кимчиний шөл, нунтаг чинжүү хийж холино.
③ Ногоон сонгино ташуу хэрчинэ.
④ Саванд бэлдсэн амтлагч, мах, кимчигээ хийн хуурна.
⑤ Мах кимчигээ хуурсны дараа мёлчи загасны шөлөө хийж буцалгана.
⑥ Буцалсан шөлөндөө дуфу ногоон сонгиноо хийж зөөлөн гал дээр буцалгана.

꽃게 무침

凉拌海螃蟹
ワタリガニの和え物
Hẹ tẩm gia vị (Kốt ke mu trim)
Гудгэ мүчим (Амталсан хавч)

❀❀❀❀ 재료

꽃게 2마리, 붉은 고추 1개, 풋고추 1개, 고춧가루 4T, 진간장 2T, 양파 1/2개, 설탕 1T, 다진 마늘 1T, 대파 1뿌리, 생강 1t, 소금, 통깨 조금

❀❀❀❀ 조리방법

① 풋고추와 붉은 고추는 어슷하게 썰어 씨를 털어 놓는다.
② 양파는 잘게 다진다.
③ 게는 발을 모두 자르고 삼각형의 껍데기와 아가미를 떼어 내어 먹기 좋게 토막낸다.
④ ③에 준비한 양념장과 풋고추, 붉은 고추를 넣고 게의 살이 빠지지 않도록 살살 버무린다.

❀ ❀ ❀ ❀ 材料

海螃蟹 2只，红辣椒 1个，青辣椒 1个，辣椒粉 4汤匙，浓酱油 2汤匙，洋葱1/2个，糖 1汤匙，蒜末 1汤匙，大葱 1根，生姜末 1汤匙，盐，芝麻 少许

❀ ❀ ❀ ❀ 料理方法

① 把青、红辣椒去籽、切丝。
② 把洋葱切碎。
③ 剪去海螃蟹的腿、把螃蟹壳和腮去掉，然后切成合适大小。
④ 在③中，放入准备好的调料和青、红辣椒，不要把螃蟹肉弄出来，稍稍凉拌即可。

❀ ❀ ❀ ❀ 材料

ワタリガニ 2匹、紅唐辛子 1個、青唐辛子 1個、唐辛子の粉 4T、濃い口醤油 2T、玉ねぎ 1/2個、砂糖 1T、ニンニクのみじん切り 1T、長ねぎ 1本、生姜 1t、塩、ごま少量

❀ ❀ ❀ ❀ 料理方法(レシピ)

① 青唐辛子と赤い唐辛子は斜めに切って種を取り除いておく。
② 玉ねぎは小さく刻む。
③ 蟹は足を皆切って三角形の甲羅とえらを取り外し食べやすく切る。
④ ③にあわせ調味料と青唐辛子、赤い唐辛子を入れて蟹の身がくずれないよう混ぜる。

❀ ❀ ❀ ❀ Nguyên liệu

2 con hẹ (kốt ke), 1 quả ớt đỏ, 1 quả ớt xanh, 4 thìa ớt bột, 2 thìa xì dầu, 1/2 củ hành củ, 1 thìa đường, 1 thìa tỏi băm, 1 phần thân trắng hành lá to daepa (đê pha), 1 thìa gừng, một chút muối và một chút vừng rang

❀ ❀ ❀ ❀ Cách làm

① Ớt xanh và ớt đỏ thái lát chéo và rũ hết hạt.
② Hành tây băm nhỏ ra.
③ Hẹ cắt hết chân, tách bỏ mai và phần vỏ tam giác dưới bụng rồi chặt thành miếng vừa ăn.
④ Cho gia vị đã chuẩn bị sẵn cùng ớt xanh, ớt đỏ vào ③ rồi trộn nhẹ lên để thịt ghẹ không rơi ra ngoài.

❀ ❀ ❀ ❀ Орц

Хавч 2 ширхэг, улаан чинжүү 1 ширхэг, дутуу боловсорсон чинжүү 1 ширхэг, нунтаг чинжүү 4 хоолны халбага, удаан дарсан цуу 2 хоолны халбага, сонгино 1/2 ширхэг, элсэн чихэр 1 хоолны халбага, татсан сармис 1 хоолны халбага, ногоон сонгино 1 ширхэг, цагаан гаа 1 цайны халбага, давс, гүнжидийн үр бага зэрэг

❀ ❀ ❀ ❀ Хоол хийх арга

① Улаан ногоон чинжүүг ташуу хэрчиж үрийг нь цэвэрлэнэ.
② Бөөрөнхий сонгиног жижиг хэрчинэ.
③ Хавчны хөлийг тасалж цээжний хальс болон загалмайг авч хаян идэхэд тохируулан хэрчинэ.
④ Хавчинд бэлдсэн амтлагч болон улаан ногоон чинжүү хийж сайтар холино.

냉이 된장찌개

荠菜大酱汤

ネンイーテンジャンチゲ（なずなのみそチゲ）

Canh tương naengi (Neng y đuyên chang chi ke)

Нэны дуэнжан жигэ (Нэнытэй шар буурцагны жантай шөл)

❋❋❋❋ 재료

냉이 100g, 대파 1/2뿌리, 청양고추 2개, 두부 1/4모, 멸치육수 2컵, 된장 2T, 애호박 1/2개

❋❋❋❋ 조리방법

① 냉이는 뿌리와 잎 부분을 다듬어 깨끗이 씻는다.

② 준비한 멸치 육수에 된장을 풀고 끓인 후에 애호박을 넣는다.

③ 애호박이 반 정도 익었을 때, 냉이와 다른 재료를 넣어 끓인다.

Tip 냉이무침 고추장 양념: 고추장 2T, 다진 파 1/2T, 다진 마늘 2t, 깨소금 1/2T, 참기름 1/2T, 식초 1T

❀❀❀❀ 材料

荠菜 100g，大葱 1/2根，青阳辣椒(非常辣) 2个，豆腐 1/4块，鳗鱼汤 2杯，黄酱 2汤匙，西葫芦 1/2个

❀❀❀❀ 料理方法

① 把荠菜根和叶子部分收拾好、洗干净。
② 在准备好的鳗鱼汤里，放入大酱煮，水开后，放入西葫芦片。
③ 西葫芦熟到一半程度时，把荠菜和准备好的材料放进去再煮一会儿。

Tip 凉拌荠菜 辣椒酱调味酱：辣椒酱 2汤匙，葱花 1/2汤匙，蒜末 2汤匙，芝麻盐1/2汤匙，香油 1/2汤匙，醋 1汤匙。

❀❀❀❀ 材料

なずな 100g、長ねぎ 1/2本、青陽唐辛子 2個、豆腐 1/4丁、いわしのだし汁 2カップ、みそ 2T、
熟する前の若いかぼちゃ1/2個

❀❀❀❀ 料理方法(レシピ)

① なずなは根と葉部分を余分なところをとりきれいに洗う。
② 準備したいわしのだし汁にみそを溶いて沸かした後かぼちゃを入れる。
③ かぼちゃが半分位煮えたらなずなと他の材料をいれ煮る。

Tip なずなの和えもの コチジャン風味: コチュジャン 2T、ねぎのみじん切り 1/2T、ニンニクのみじん切り 2t、ごま塩 1/2T、ごまあぶら
1/2T、酢 1T

❀❀❀❀ Nguyên liệu

100g naengi(neng y), 1/2 phần thân trắng hành lá to daepa (đê pha), 2 quả ớt cay cheongyang (trơng yang
kô tru), 1/4 bìa đậu, 2 cốc nước ninh cá cơm (miêl tri), 2 thìa tương, 1/2 quả bí non (e hô bác)

❀❀❀❀ Cách làm

① Naengi nhặt sạch phần lá và rễ rồi rửa sạch.
② Nghiền tươngvào nước ninh cá cơm đã chuẩn bị sẵn rồi đun sôi lên, khi sôi thì cho bí non vào.
③ Khi bí chín một nửa thì cho naengi và các nguyên liệu còn lại đã chuẩn bj sẵn vào rồi tiếp tục đun.

Tip Naengi trộn(Neng y mu trim) Gia vị tương ớt: 2 thìa gochujang (kô tru chang), 1 thìa dấm, 1 thìa đường, 1/2 thìa hành băm, 2 thìa tỏi
băm, 1/2 thìa vừng rang muối (ke sô kưm), 1/2 thìa đầu vừng (trăm ki rưm).

❀❀❀❀ Орц

Нэны 100гр, ногоон сонгино 1/2 ширхэг, халуун чинжүү 2 ширхэг, дуфү 1/4, мёлчи загас чанаж гаргасан шөл
2 аяга, шар буурцагны жан 2 хоолны халбага, жижиг хулуу 1/2 ширхэг

❀❀❀❀ Хоол хийх арга

① Нэнийн үндэс болон навчыг цэвэрлэн сайтар угаана.
② Бэлдсэн мёлчи загасны шөлөнд шар буурцагны жангаа хийн буцалгасны дараа жижиг хулууг хийнэ.
③ Хулууны тал нь болоход нэны болон бусад материалыг хийж буцалгана.

Tip Холисон нэны чинжүүн жаны амтлагч: чинжүү жан 2 хоолны халбага, хэрчсэн ногоон сонгино 1/2 хоолны халбага, татсан
сармис 2 цайны халбага, гүнжидийн үр 1/2 хоолны халбага, гүнжидийн тос 1/2 хоолны халбага, цагаан цуу 1 хоолны халбага

닭볶음

炒鸡肉
鶏の炒め物
Thịt gà rim (Tạc bộc gum)
Таг буггым (Халуун ногоотой тахайны шөл)

❀❀❀❀ **재료**

닭 1마리, 감자 2개(중간 크기), 당근 1개(중간 크기), 양파 1개
양념장 : 진간장 3T, 붉은 고추 3개, 대파 1/2뿌리, 고추장 2T, 고춧가루 1T, 다진 마늘 1T, 다진 생강 1/2T, 후추 조금

❀❀❀❀ **조리방법**

① 닭은 먹기 좋은 크기로 토막을 낸다.
② 뜨거운 물에 ①을 살짝 삶아 건져 놓는다.
③ 준비된 양념장을 넣고 닭이 잠길 정도로 물을 부어 끓인다.
④ 끓기 시작하면 감자와 당근, 양파를 넣고 간이 고루 배도록 불 조절을 한다.

❄❄❄❄ 材料

鸡 1只，土豆2个(中等大小)，胡萝卜 1个(中等大小)，洋葱 1个

调料：浓酱油 3汤匙，红辣椒 3个，大葱 1/2根，辣椒酱 2汤匙，辣椒粉 1汤匙，蒜末 1汤匙，生姜末 1/2汤匙，
胡椒粉 少许

❄❄❄❄ 料理方法

① 把鸡肉按适中大小切好。
② 把①放在热水里稍微煮一下捞出来。
③ 放入准备好的调料，加水，水面刚好没过鸡肉的程度，开始煮。
④ 水开后，放入土豆、胡萝卜和洋葱，调整火候以便入味儿，即完成。

❄❄❄❄ 材料

ニワトリ 一羽、じゃがいも 2個 (中位の大きさ)、にんじん 1個(中位の大きさ)、たまねぎ 1個
たれ：濃い口醤油 3T、紅唐辛子 3個、長ねぎ 1/2本、コチジャン 2T、唐辛子粉 1T、ニンニクのみじん切り
1T、生姜のみじん切り 1/2T、胡椒少量

❄❄❄❄ 料理方法(レシピ)

① ニワトリは食べやすい大きさに切る。
② お湯で ①の切ったトリを軽くゆでて湯からあげておく。
③ 作っておいたたれを入れトリがしっかり浸る位に水をいれ煮る。
④ スープが沸騰し始めたらじゃがいも、にんじん、たまねぎを入れて味がまんべんなく浸みこむようにして
煮込む。

❄❄❄❄ Nguyên liệu

1 con gà, 2 củ khoai tây (loại to vừa), 1 củ cà rốt, 1 củ hành tây.
Gia vị : 3 thìa xì dầu, 1 quả ớt đỏ, 1/2 phần thân trắng hành lá to daepa (để pha), 2 thìa gochujang (kô tru chang),
1 thìa hạt tiêu, 1 thì tỏi băm, 1/2 thìa gừng băm, một chút hạt tiêu

❄❄❄❄ Cách làm

① Chặt gà thành khúc vừa ăn.
② Luộc qua thịt gà bằng nước sôi rồi vớt ra.
③ Cho gia vị đã chuẩn bị sẵn vào, cho nước vào ngập thịt gà rồi đun lên.
④ Khi bắt đầu sôi lên thì cho khoai tây, cà rốt, hành tây vào và vừa đun vừa điều chỉnh lửa để thịt ngấm gia vị.

❄❄❄❄ Орц

Тахай 1 ширхэг, төмс (дунд зэрэг) 2 ширхэг, лууван (дунд зэрэг) 1 ширхэг, бөөрөнхий сонгино 1 ширхэг
Амтлагч : Удааг дарсан цуу 3 хоолны халбага, улаан чинжүү 3 ширхэг, ногоон сонгино 1/2 ширхэг, чинжүүний
жан 2 хоолны халбага, нунтаг чинжүү 1 хоолны халбага, татсан сармис 1 хоолны халбага, татсан
цагаан гаа 1 хоолны халбага, перец бага зэрэг

❄❄❄❄ Хоол хийх арга

① Тахайг идэхэд тохирсон хэмжээгээр хуваана.
② Буцалж буй халуун усанд тахайгаа хийж болгоно.
③ Тахайгаа далдлах төдий ус хийж бэлдсэн амтлагчаа хийж буцалгана.
④ Буцалж эхэлмэгц төмс, лууван, сонгиноо хийж тохирсон гал ддэр чанаж болгоно.

동태전

明太鱼肉饼

トンテジョン（スケソウダラのジョン）

Cá Dongtae (đồng the) tẩm bột rán

Дунтэ жон (Дунтэ загасны гамбир)

❀ ❀ ❀ ❀ 재료

동태포 1팩, 계란 2개, 소금, 후추, 밀가루 조금

❀ ❀ ❀ ❀ 조리방법

① 동태 포에 소금과 후추를 뿌려 간이 배도록 한다.

② 계란은 잘 풀어놓는다.

③ 동태포에 밀가루를 고루 묻힌다.

④ 팬에 식용유를 두르고 밀가루를 묻힌 동태포에 계란 물을 입혀 노릇노릇하게 부친다.

❀❀❀❀ 材料

明太鱼肉 1包，鸡蛋 2个，盐，胡椒粉，面粉 少许

❀❀❀❀ 料理方法

① 在明太鱼肉上撒上盐和胡椒粉调味儿。
② 把鸡蛋搅拌均匀。
③ 在干明太鱼肉上均匀地涂上面粉。
④ 煎锅中加入食用油，把涂有面粉的明太鱼肉在鸡蛋浆里蘸一下儿，再放入煎锅，
  煎好即可。

봄
春天
春
Mùa xuân
Хавар

❀❀❀❀ 材料

冷凍のスケソウダラの切り身 1パック、卵 2個、塩、胡椒、小麦粉少量

❀❀❀❀ 料理方法(レシピ)

① たらの切り身に塩と胡椒を振りかけて味付けをする。
② 卵はよく溶いておく。
③ たらの切り身に小麦粉をまんべんなくつける。
④ フライパンに食用油をひいて小麦粉をつけたらの切り身に卵をしっかりつけてこんがりと焼き
  目をつける。

❀❀❀❀ Nguyên liệu

1 hộp cá dongtae thái miếng, 2 quả trứng, muối, hạt tiêu và một chút bột mì

❀❀❀❀ Cách làm

① Rắc muối và hạt tiêu lên các lát cá dongtae để cá ngấm gia vị
② Quấy đều trứng lên.
③ Tẩm bột mì vào lát cá dongtae.
④ Cho dầu ăn vào chảo, để nóng lên, nhúng lát cá dongtae đã tẩm bột vào bát trứng đã quấy sẵn rồi cho
  vào chảo rán giòn lên.

❀❀❀❀ Орц

Хатаасан дунтэ загас 1 ширхэг, өндөг 2 ширхэг, давс , перец, гурил бага зэрэг

❀❀❀❀ Хоол хийх арга

① Хатаасан дунтэ загасанд давс перецээ цацаж амтлана.
② Өндгөө сайтар хутгана.
③ Хатаасан дунтэ загасаа гуриланд эргүүлнэ.
④ Тосолсон хайруулын тавган дээр загасаа тавьж өндгөө асгаад шаралтал шарна.

두릅 무침

凉拌楤木芽儿
たらの芽の和えもの
Ngọn Dureup (đu rựp) trộn
Дүрыб мүчим (Амталсан дүрыб)

❀❀❀❀ **재료**

두릅 300g

양념장 : 고추장 2T, 식초 1T, 물 1T, 설탕 2t, 다진 마늘 1t, 다진 파 1T, 깨소금 1T, 참기름 1t, 통깨 조금

❀❀❀❀ **조리방법**

① 두릅은 너무 크지 않은 어린 것으로 준비하여 밑동을 잘라낸다. 소금을 약간 넣은 끓는 물에 두릅의 밑동
   부터 넣고 파란색이 돌 정도로만 살짝 데친다.
② 데친 두릅을 재빨리 헹군 뒤 열기가 식으면 찬물에 담가 떫은맛을 없앤다.
③ 양념장을 만든다.
④ 데친 두릅의 모양이 흐트러지지 않도록 가볍게 버무려 통깨를 뿌린다.

❀❀❀❀ 材料

楤木芽儿 300g

调味酱：辣椒酱 2汤匙，醋 1汤匙，水 1汤匙，糖 2汤匙，蒜末 1汤匙，葱花 1汤匙，芝麻盐 1汤匙，
香油 1汤匙，芝麻 少许

❀❀❀❀ 料理方法

① 准备大小适当的嫩楤木芽儿，去根儿，切好。在水里加一点儿盐，把楤木芽儿从根部放入
水里焯一下儿，直至楤木芽儿呈现蓝色。
② 把焯好的楤木芽儿快速放进冷水里除去涩味。
③ 准备调味酱。
④ 把焯好的整个儿的楤木芽儿轻轻盛在容器里即可。

❀❀❀❀ 材料

たらの芽 300g

たれ：コチジャン 2T、酢 1T、水 1T、砂糖 2t、ニンニクのみじん切り 1t、ねぎのみじん切り 1T、ごま塩 1T、
胡麻油 1t、ごま少し

❀❀❀❀ 料理方法(レシピ)

① たらの芽はあまり大きくく若い芽を準備して根元を切り捨てる。塩をちょっと入れた沸騰したお湯にたら
の芽の根元から湯に入れて色が青色のように鮮やかになるまで軽くゆでる。
② ゆでたたらの芽を素早くゆすいで冷水に浸してアクをとる。
③ たれを作る。
④ ゆでたたらの芽が崩れないように軽く和えてごまを振り盛り付ける。

❀❀❀❀ Nguyên liệu

300g ngọn dureup

Gia vị : 2 thìa gochujang (kô tru chang), 1 thìa dấm, 1 thìa nước, 2 thìa đường, 1 thìa hành băm, 1 thìa tỏi băm, 1 thìa
vừng rang muối (ke sô kưm), 1 thìa dầu vừng (trăm ki rưm), một chút vừng rang

❀❀❀❀ Cách làm

① Ngọn dureup chuẩn bị loại non, không quá to rồi cắt bỏ phần đầu vỏ cứng. Cho dureup (cho phần đầu cứng vào
trước) vào nước sôi có thêm một chút muối rồi trần qua cho đến khi dureup ánh lên màu xanh lá cây thì vớt ra.
② Tráng ngay dureup vừa trần rồi ngâm ngay vào nước lạnh để loại bỏ vị chát trong dureup.
③ Làm gia vị.
④ Trộn dureup đã trần cùng gia vị một cách nhẹ nhàng để dureup không bị mất hình dáng rồi rắc vừng lên trên.

❀❀❀❀ Орц

дүрыб 300гр

Амтлагч : чинжүүний жан 2 хоолны халбага, цагаан цуу 1 хоолны халбага, ус 1 хоолны халбага, элсэн чихэр 2 цайны
халбага, татсан сармис 1 цайны халбага, хэрчсэн ногоон сонгино 1 хоолны халбага, гүнжидийн үр 1
хоолны халбага, гүнжидийн тос 1 цайны халбага, үр бага зэрэг

❀❀❀❀ Хоол хийх арга

① Жижиг дүрым сонгон авч үндэсийг нь тайрна. Багавтар давстай буцалсан усанд үндэс болон дүрыбээ хийж хальт
болгоно.
② Болсон дүрыбээ зайлан хүйтэн усанд сойно.
③ Амтлагчаа бэлдэнэ.
④ Болсон дүрыбээ амтлагчаар амтлан гүнжидийн үрээ дээр нь цацна.

두부선

豆腐膳
豆腐ソン
Đậu phụ hấp (Đu bu sơn)
Дуфу сон

❀❀❀❀ 재료

두부 1모, 소고기(다진 것) 100g, 표고버섯 2장, 석이버섯 2장, 계란 1개, 잣, 실고추 조금
쇠고기 양념 : 진간장 1T, 다진 파 1T, 다진 마늘 1/2T, 깨소금, 설탕, 참기름, 후추 조금
두부 양념 : 소금 1t, 참기름 1/2T, 녹말 1T, 후추, 깨소금 조금

❀❀❀❀ 조리방법

① 두부는 으깨어 체에 내려 양념하고, 다진 소고기도 양념하여 준비한다.
② 표고버섯, 석이버섯은 물에 불려 채 썬다.
③ 계란은 황백지단으로 부쳐 채 썰고, 잣은 길게 2등분한다. 실고추는 짧게 자른다.
④ 찜통에 젖은 가제를 깔고 양념한 두부를 1cm 두께로 네모지게 펴서 고명을 얹은 후 살짝 눌러 열이 오른 찜통에 찐다.

❋❋❋❋ 材料

豆腐 1块，牛肉(肉馅) 100g，香菇 2颗，石耳蘑菇 2颗，鸡蛋 1个，松子仁、辣椒丝 少许
牛肉调味料：浓酱油 1汤匙，葱花 1汤匙，蒜末 1/2汤匙，芝麻盐，糖，香油，胡椒粉 少许
豆腐调味料：盐 1汤匙，香油 1/2汤匙，淀粉 1汤匙，芝麻盐 少许

❋❋❋❋ 料理方法

① 把豆腐捣碎，加入调料，牛肉馅也加入调料，准备好。
② 香菇和石耳蘑菇在水里泡以后，切丝。
③ 把鸡蛋煎成黄白色，切丝，分成2小份 把辣椒丝切碎。做装饰用。
④ 在蒸锅里铺上浸湿的纱布，把调好味儿的豆腐，盛到厚1cm的四方夹子里，点缀上装饰后，
　　轻轻按压，然后开始蒸，即完成。

❋❋❋❋ 材料

豆腐 1丁、牛肉(ミンチ)100g、シイタケ 2枚、イワタケ 2枚、卵 1個、松の実、千切りの唐辛子少量
牛肉味付け調味料：濃い口醤油 1T、ねぎのみじん切り 1T、ニンニクのみじん切り 1/2T、ごま塩、砂糖、胡麻油、
　　　　　　　　　胡椒少量
豆腐味付け調味料：塩 1t、胡麻油 1/2T、片栗粉 1T、胡椒、ごま塩少量

❋❋❋❋ 料理方法(レシピ)

① 豆腐はつぶしてふるいでこしぽろぽろにし調味料をいれ味付けする。小さく刻んだ牛肉(牛肉のミンチ)も
　　下味をつけ準備する。
② シイタケ、イワタケは水にふやかして千切りにする。
③ 卵はよくまぜ薄く卵焼きにし千切りにする。松の実は 2等分する。千切りの唐辛子は短く切る。
④ 蒸し器に濡れたふきんを敷いて味付けした豆腐を1cmの厚さで四角くし、飾りの材料を軽く押してつけ熱
　　した蒸し器で蒸す。

❋❋❋❋ Nguyên liệu

1 bìa đậu, 100g thịt bò (băm nhỏ), 2 cái nấm hương (phiô cô bơ sớt), 2 cái mộc nhĩ (sơ ki bơ sớt), 1 quả trứng, hạt jat (chạt), một chút ớt chỉ(ớt sợi : sil kô tru)
Gia vị ướp thịt bò: 1 thìa xì dầu, 1 thìa hành băm, 1/2 thìa tỏi băm, vừng rang muối, đường, dầu vừng (trăm ki rưm), một chút hạt tiêu
Gia vị ướp đậu: 1 thìa muối, 1/2 thìa dầu vừng (trăm ki rưm), 1 thìa bột đao (nông mal ka ru), hạt tiêu và một chút vừng rang muối

❋❋❋❋ Cách làm

① Đậu phụ nghiền nát, lọc qua cái lọc rồi ướp với gia vị, thịt bò đã băm cũng ướp gia vị chuẩn bị sẵn.
② Nấm hương, mộc nhĩ ngâm vào nước cho mềm rồi thái chỉ.
③ Trứng tráng mỏng, rán lòng trắng, đỏ riêng rồi thái chỉ, hạt jat cắt làm đôi. Ớt chỉ cắt thành đoạn ngắn.
④ Trải một tấm vải xô thấm ướt nước vào nồi hấp, lát đậu phụ đã ướp gia vị vào nồi thành hình vuông có độ dầy khoảng 1cm, cho thịt, trứng và nấm hương, mộc nhĩ , hạt jat và ớt sợi lên trên, hơi ấn xuống để hơi thông lên rồi hấp chín đậu bằng hơi.

❋❋❋❋ Орц

Дуфу 1 ширхэг, татсан үхрийн мах 100гр, пюгу мөөг 2 ширхэг, соги мөөг 2 ширхэг, өндөг 1 ширхэг, самар, утас шиг нарийн чинжүү бага зэрэг
Махны амтлагч : удаан дарсан цуу 1 хоолны халбага, хэрчсэн сонгино 1 хоолны халбага, татсан сармис 1/2 хоолны халбага, гүнжидийн үр, элсэн чихэр, гүнжидийн тос, перец бага зэрэг
Дуфуны амтлагч: давс 1 цайны халбага, гүнжидийн тос 1/2 хоолны халбага, төмсний гурил 1хоолны халбага, перец, гүнжидийн үр бага зэрэг

❋❋❋❋ Хоол хийх арга

① Дуфуг бяцалж амтлан татсан махаа бас амтална.
② Пюгу мөөг , соги мөөг усанд дэвтээн нарийн хэрчинэ.
③ Өндгөө шарсны дараа нарийн хэрчиж самартай холин утас шиг нарийн чинжүүг мөн адил жижиг хэрчинэ.
④ Жигнүүрт нойтон марьл дэлгэн тавьж 1 см-н өргөнтэй дөрвөлжин зүссэн дуфүг хийж жигнэнэ.

봄
春天
春
Mùa xuân
Хавар

마늘종 장아찌

蒜薹酱菜
にんにくの茎の漬物
Dây thân tỏi ngâm (Ma nurl chang a chi)
Манылжун жаначи (Даршилсан сармисны гол)

❄❄❄❄ **재료**

마늘종 600g, 물 4컵, 진간장 5컵, 식초 1컵, 설탕 1컵, 소금
무침양념: 삭힌 마늘종 50g, 고추장 1T, 깨소금 1t, 설탕 1/2t, 참기름 1/3t

❄❄❄❄ **조리방법**

① 마늘종은 연한 것으로 골라 줄기의 억센 부분은 잘라내고 항아리에 담는다.
② 물 4컵에 식초를 타고 진간장, 설탕, 소금 약간을 넣고 팔팔 끓여 식힌 뒤, ①에 붓는다.
③ 2~3일이 지나면 간장물을 따라내어 팔팔 끓인 후 식혀서 다시 붓는다. 마늘종이 떠오르지 않도록 돌로 눌러 1개
   월간 삭힌다.
Tip 노랗게 삭은 마늘종을 꺼내어 물기를 제거하고 4~5cm길이로 잘라서 무침양념을 넣고 무친다.

※ ※ ※ ※ 材料

蒜薹 600g，水 4杯，浓酱油 5杯，醋 1杯，糖 1杯，盐
凉拌酱料：蒜薹 50g，辣椒酱 1汤匙，芝麻盐 1汤匙，糖1/2汤匙，香油1/3汤匙

※ ※ ※ ※ 料理方法

① 选择蒜薹比较嫩的部分，去掉茎比较硬的部分，切好，放在坛子里。
② 4杯水里加入醋、盐、糖和浓酱油，煮开冷却后，倒入①中。
③ 2~3天以后，把煮好的盐水冷却后，再倒入①中。为了防止蒜薹漂上来，在上面放上石头，
　　一个月后即可。
Tip 把腌制好的蒜薹除去水分，切成4~5cm的段，加入调料凉拌即可。

※ ※ ※ ※ 材料

にんにくの茎 600g，水 4カップ，濃い口醤油 5カップ，酢 1カップ，砂糖 1カップ，塩
合わせ調味料：漬けてあったにんにくの茎 50g，コチジャン 1T，ごま塩 1t，砂糖 1/2t，ごまあぶら 1/3t

※ ※ ※ ※ 料理方法(レシピ)

① にんにくの茎は軟らかいのものを選び幹の硬い部分は切り捨てて他の部分をつぼに入れる。
② 水 4カップ，酢，塩，砂糖，濃い口醤油を入れてぐらぐら煮え立たせ冷やした後 ①に注ぐ。
③ 2、3日してから塩水を注ぎ入れ、煮た後、冷やしてまたつけておく。にんにくの茎が浮かび上がらないように
　　石で押さえをして 1ケ月間漬ける。
Tip 漬けておいたにんにくの茎を取り出して水気をとり除いて 4~5Cmの長さに切って合わせ調味料をいれ和える。

※ ※ ※ ※ Nguyên liệu

600g dây tỏi, 4 cốc nước, 5 cốc xì dầu, 1 cốc dấm, 1 cốc đường, muối
Gia vị trộn: 50g dây tỏi đã ngâm, 1 thìa gochujang (kô tru chang), 1 thìa vừng rang muối (ke sô kưm), 1/2 thìa
　　　　　　đường , 1/3 thìa dầu vừng (trăm ki rưm)

※ ※ ※ ※ Cách làm

① Dây tỏi chọn loại mềm, bỏ bớt phần thân cứng rồi cho vào vại.
② Lấy nước với lượng là 4 cốc nước rồi hòa dấm vào, cho muối, đường, xì dầu vào rồi đôn sôi lên, để nguội rồi
　　rót vào ①.
③ Sau 2~3 ngày rót nước ngâm ra đun sôi lại một lần nữa, để nguội rồi lại rót vào vại. Nhận dây tỏi xuống bằng
　　đá để dây tỏi không bị nổi lên và để ngâm trong vòng 1 tháng là được.
Tip Lấy dây tỏi đã ngâm ra, để ráo nước rồi cắt thành đoạn dài 4~5 cm, sau đó cho gia vị trộn vào rồi trộn đều lên là được.

※ ※ ※ ※ Орц

Сармисны гол 600гр, ус 4 аяга, удаан дарсан цуу 5 аяга, цагааан цуу 1 аяга, элсэн чихэр 1 аяга, давс
Амталсан сармисны голын амталгч : Исгэсэн сармисны гол 60гр, чинжүүн жан 1 хоолны халбага, гүнжидийн үр 1
　　　　　　цайны үр, элсэн чихэр 1/2 цайны халбага, гүнжидийн тос 1/3 цайны халбага

※ ※ ※ ※ Хоол хийх арга

① Сармисны голны зөөлөн хэсгийг сонгож ишний хатуу хэсгийг тасалж хаян вааранд хийнэ.
② 4 аяга усанд цагаан цуу, элсэн чихэр, удаан дарсан цууг хийж порпор буцалсны дараа ваартай сармисны гол
　　дээрээ хийнэ.
③ 2~3 өдөр өнгөрсний дараа усанд давс хийж буцалган хөрсний дараа ваартай сармисны гол дээр хийнэ.
　　Сармисны голыг хөвж гарахаас сэрэмжлэн чулуугаар дарөн 1 сар дарж болгоно.
Tip Иссэн сармисны голын шүүсийг сайтар шахан 4-5см урттай хэрчиж амтлагчаа хийж базна.

버섯전골
蘑菇牛肉汤
きのこのすき焼き
Canh súp nấm (Bơ sớt chơn kôl)
Босод жонгул (Мөөгтэй холимол шөл)

✿✿✿✿ **재료**

소고기(불고기감) 100g, 팽이버섯 1봉, 표고버섯 4장, 새송이버섯 1개, 느타리버섯 50g, 쪽파 3뿌리, 붉은 고추 2개,
당근 1/2개, 양파 1/2개
소고기 양념: 설탕 1/2T, 진간장 1T, 다진 파 1T, 참기름 1t, 후추 조금
육수: 양파 1/3쪽, 무 50g, 멸치 7마리, 다시마 한 쪽, 물 5컵

✿✿✿✿ **조리방법**

① 소고기는 양념을 하여 미리 버무려준다.
② 버섯은 결대로 찢거나 썰어 준비한다.
③ 붉은 고추는 어슷하게 썰고 양파, 당근, 쪽파는 5cm 길이로 준비한다.
④ 전골냄비에 버섯과 준비된 재료를 보기 좋게 돌려 담고 가운데에 양념한 소고기를 올린다.
⑤ 육수를 넣고 끓여낸다.

❀❀❀❀ 材料

牛肉 100g，金针菇 1袋，香菇 4颗，松茸 1个，糙皮侧耳蘑 50g，小葱 3根，红辣椒 2个，胡萝卜 1/2个，洋葱 1/2个
牛肉调料：糖1/2，浓酱油 1汤匙，葱花 1汤匙，香油 1汤匙，胡椒粉 少许
肉汤：洋葱 1/3个，萝卜 50g，鳀鱼(小银鱼) 7条，海带 1根，水 5杯

❀❀❀❀ 料理方法

① 牛肉加调料拌匀。
② 把蘑菇按纹理撕开。
③ 红辣椒均匀切好，洋葱、胡萝卜、小葱切成长5cm的段。
④ 在锅里放入蘑菇和准备好的材料，中间放上调好味儿的牛肉。
⑤ 倒入肉汤，煮后即可。5. 倒入肉汤，煮后即可。

❀❀❀❀ 材料

牛肉(焼肉用)100g、えのき 1個、シイタケ 4枚、新松たけ 1個、ひらたけ 50g、わけぎ　3本、紅唐辛子 2個、にんじん 1/2個、たまねぎ1/2個
牛肉味付け用調味料：砂糖 1/2 T、濃い口醤油 1T、ねぎのみじん切り 1T、胡麻油1t、胡椒少量
スープ：玉ねぎ 1/3個、大根 50g、いわし 7匹、昆布一枚、水 5カップ

❀❀❀❀ 料理方法(レシピ)

① 牛肉は味付け用調味料を混ぜておく。
② きのこは繊維にそって裂くか切って準備する。
③ 赤い唐辛子は斜めに切り玉ねぎ、にんじん、わけぎは 5cmに切る。
④ すき焼き鍋にきのこと他の材料を入れて中心に調味料でつけておいた牛肉をのせる。
⑤ スープをいれて煮る。

❀❀❀❀ Nguyên liệu

100g thịt bò (loại để làm bulgogi), 1 bao nấm rơm (pheng y bơ sớt), 4 cái nấm hương (phiô cô bơ sớt), 1 cái nấm thông (se song y bơ sớt), 50g nấm nutari (nư tha ri bơ sớt), 3 phần thân trắng hành lá nhỏ jokpa (chốc pha), 1/2 củ cà rốt, 1/2 củ hành tây, 3 quả ớt đỏ
Gia vị ướp thịt: 1 thìa xì dầu, 1 thìa tỏi băm, 1/2 thìa đường, 1 thìa dầu vừng (trăm ki rưm), một chút hạt tiêu.
Nước hầm: 1/3 củ hành tây, 50g củ cải, 7 con cá cơm, 1 miếng rong biển khô dasima (đa si ma), 5 cốc nước

❀❀❀❀ Cách làm

① Cho thịt bò vào gia vị rồi trộn đều và ướp sẵn.
② Xé nấm theo thớ hoặc thái chuẩn bị sẵn.
③ Ớt đỏ thái lát, hành tây, cà rốt và hành lá thái đoạn dài khoảng 5cm chuẩn bị sẵn.
④ Cho nấm và các nguyên liệu chuẩn bị sẵn xung quanh bề mặt nồi nấu, cho thịt bò lên giữa.
⑤ Cho nước hầm vào rồi đun sôi lên là được

❀❀❀❀ Орц

Үхрийн мах 100гр, пэны мөөг 1 уут, пюгу мөөг 4 ширхэг, шинэ суны мөөг 1 ширхэг, нытари мөөг 50гр, таримал ногоон сонгино 3 ширхэг, улаан чинжүү 2 ширхэг, лууван 1/2 ширхэг, бөөрөнхий сонгино 1/2 ширхэг
Үхрийн махны амтлагч: Элсэн чихэр 1/2 хоолны халбага, удаан дарсан цуу 1 хоолны халбага, хэрчсэн ногоон сонгино 1 хоолны халбага, гүнжидийн тос 1 цайны халбага, перец бага зэрэг
Шөл: Сонгино 1/3 ширхэг, цагаан манжин 50гр, мёлчи загас 7 ширхэг, дашима 1 ширхэг, ус 5 аяга

❀❀❀❀ Хоол хийх арга

① Үхрийн махаа амталж сайтар холино.
② Мөөгөө хэрчиж бэлдэнэ.
③ Улаан чинжүүг ташуу хэрчиж сонгино, таримал ногоон сонгино, лууванг 5см хэрчиж бэлдэнэ.
④ Тогоондоо мөөг болон бусад ногоогоо хийн голд амталсан махаа тавина.
⑤ Шөлөө хийж буцалгана.

북어찜

干明太鱼汤
干しすけそうだらの煮物
Cá khô bukeo (bục ơ) hầm
Буго жим (Халуун ногоотой жигнэсэн нохой загас)

❀❀❀❀ **재료**

북어 2마리, 대파 1뿌리, 실고추 조금

양념: 진간장 3T, 물엿 1T, 설탕 1T, 다진 파 1T, 다진 마늘 1T, 깨소금 1T, 참기름 1T, 청주 1T, 고춧가루 1T, 물1컵

❀❀❀❀ **조리방법**

① 북어를 물에 담가 부드러워지면 물기를 닦고 4cm 길이로 자른다.

② 대파를 4cm 길이로 가늘게 채 썬다.

③ 실고추를 3cm 정도의 길이로 자른다.

④ 양념장에 북어를 담가 양념을 고루 묻힌 다음 30분 정도 재어 둔다.

⑤ 양념한 북어를 밑이 두꺼운 냄비에 차곡차곡 넣고 사이사이에 채 썬 파와 실고추를 얹어 중불에서 약 15분 정도 찐다.

❀❀❀❀ 材料

干明太鱼 2条，大葱 1根，辣椒丝 少许
调料: 浓酱油 3汤匙，糖稀 1汤匙，糖 1汤匙，葱花 1汤匙，蒜末 1汤匙，芝麻盐 1汤匙，香油 1汤匙，
　　　清酒 1汤匙，辣椒粉 1汤匙，水 1杯

❀❀❀❀ 料理方法

① 把干明太鱼在水里泡软，除去水分，切成4cm的小段。
② 把大葱切成4cm长的葱丝。
③ 把辣椒丝切成3cm左右的小段。
④ 把干明太鱼均匀地放在调味酱里，腌制30分左右。
⑤ 把调好味的干明太鱼放在锅里，中间放上切好的葱丝和辣椒丝，中火炖大概15分钟左右即可。

❀❀❀❀ 材料

干しすけそうだら 2匹、長ねぎ 1本、千切りの唐辛子少し
味付け: 濃い口醤油 3T、水飴 1T、砂糖 1T、ねぎのみじん切り 1T、ニンニクのみじん切り 1T、ごま塩 1T、
　　　胡麻油 1T、日本酒 1T、唐辛子粉 1T、水1カップ

❀❀❀❀ 料理方法(レシピ)

① 干しスケソウダラを水に浸して柔らかくなったら水気をきり4cmの長さに切る。
② 長ねぎを 4cmの長さに細く千切にする。
③ 千切りの唐辛子は 3cm 程度の長さに切る。
④ たれの中に干しスケソウダラをつけてたれがまんべんなくつくようにし30分位そのまま漬けておく。
⑤ たれに浸しておいた干しスケソウダラをなべ底が厚いなべに入れて中に千切にした長ねぎと唐辛子をのせて中火で
　　約 15分位蒸す。

❀❀❀❀ Nguyên liệu

2 con cá khô bukeo(bục ơ), 1 phần thân trắng hành lá to daepa (đê pha), một chút ớt chỉ (ớt sợi: sil kô tru)
Gia vị: 3 thìa xì dầu, 1 thìa đường cô (mul iệt), 1 thìa đường, 1 thìa hành băm, 1 thìa tỏi băm, 1 thìa vừng rang muối (ke
　　　sô kưm), 1 thìa dầu vừng (trăm ki rưm), 1 thìa rượu cheongju (trơng chu), 1 thìa ớt bột, 1 thìa nước

❀❀❀❀ Cách làm

① Cá khô bukeo ngâm vào nước, đến khi mềm ra thì lau sạch nước rồi cắt khúc có độ dài khoảng 4cm.
② Hành thái lát mỏng có độ dài khoảng 4cm.
③ Ớt chỉ cắt đoạn dài khoảng 3cm.
④ Trộn cá vào gia vị, ướp trong vòng khoảng 30 phút để gia vị ngấm đều lên cá.
⑤ Cho cá đã ngấm gia vị vào nồi có đáy dầy, cho hành và ớt chỉ đã thái sẵn vào giữa các khe rồi cho vừa lửa và
　　ninh trong vòng 15 phút.

❀❀❀❀ Орц

Нохой загас 2 ширхэг, ногоон сонгино 1 ширхэг, утас шиг нарийн хэрчсэн чинжүү
Амтлагч: Удаан дарсан цуу 3 хоолны халбага, сахарны ёд 1 хоолны халбага, элсэн чихэр 1 хоолны халбага, татсан
　　　сонгино 1 хоолны халбага, татсан сармис 1 хоолны халбага, гүнжидийн үр 1 хоолны халбага, гүнжидийн
　　　тос 1 хоолны халбага, цагаан будааны архи 1 хоолны халбага, нунтаг чинжүү 1 хоолны халбага, ус 1 аяга

❀❀❀❀ Хоол хийх арга

① Нохой загасыг усанд хийж дэвтээсний дараа усыг нь сайтар шүүж 4 см-н урттай хэрчинэ.
② Ногоон сонгиныг 4 см-н урттай нарийн хэрчинэ.
③ Утас шиг нарийн чинжүүг 3см-н урттай хэрчинэ.
④ Амтлагчаа загасан дээрээ сайтар түрхэн 30минут орчим байлгана.
⑤ Амталсан загасаа зузаан ёроолтой тогоонд хийж татсан ногоон сонгино, утас шиг нарийн хэрчсэн чинжүүгээр
　　амтлан 15 минут орчим жигнэнэ.

소고기 무국

牛肉萝卜汤
牛肉と大根の汁
Canh củ cải thịt bò (Sô kô ki mu cục)
Сугуги мүгүг (Үхрийн махтай цагаан манжингийн шөл)

❀❀❀❀ **재료**

소고기(양지머리) 300g, 무 1/4개, 대파 1뿌리, 마늘 2쪽, 국간장 2t, 소금
고기양념: 국간장, 다진 파, 다진 마늘, 후추 조금

❀❀❀❀ **조리방법**

① 소고기는 덩어리째 준비해 찬물에 담가 핏물을 뺀다.
② 대파는 큼직하게 토막 내고, 마늘은 통으로 준비한다.
③ 냄비에 ①과 ②를 넣어 오래 끓인 후 고기는 건지고 국물은 차게 식혀 놓는다.
④ 건져낸 고기는 결대로 가늘게 찢어 고기양념에 무치고 무는 납작하게 썰어 놓는다.
⑤ ④의 국물을 끓여 국간장, 소금으로 간을 하고 양념한 고기와 무를 넣어 다시 한 번 끓인다.

❈❈❈❈ 材料

牛肉(牛排骨和肉) 300g，萝卜 1/4个，大葱 1根，蒜 2瓣，汤用酱油 2汤匙，盐

牛肉调料：汤用酱油，葱花，蒜末，胡椒粉 少许

❈❈❈❈ 料理方法

① 把牛肉泡在冷水里，除去肉血。
② 把葱切成大块，准备好蒜瓣。
③ 把①和②放在锅里，煮一段时间以后，把牛肉捞出来，把汤放在一边。
④ 把捞出来的牛肉按照纹理撕开，把萝卜均匀切片。
⑤ 把④放在汤里煮，加入汤用酱油和盐调味，把肉和萝卜放进去，再煮一遍即可。

❈❈❈❈ 材料

牛肉(胸肉) 300g、大根 1/4個、長ねぎ 1本、ニンニク 2切り、醤油 2t、塩

肉味付け調味料：醤油、ねぎのみじん切り、ニンニクのみじん切り、胡椒少量

❈❈❈❈ 料理方法(レシピ)

① 牛肉は胸肉のかたまりを準備し冷水に浸して血をぬく。
② 長ねぎは大きく切り、ニンニクは2かけ準備する。
③ 鍋に ①と ②を入れて長く煮た後、肉は取り出し残りのスープは冷たくさましておく。
④ 取り出した肉は繊維にそって紬く裂いて牛肉味付け用調味料につけ大根は平たく切っておく。
⑤ ④のおつゆを沸かして醤油、塩で味を加減し、味付けした肉と大根を入れてもう一度煮る。

❈❈❈❈ Nguyên liệu

300g thịt bò (loại giẻ sườn: yang chi mơ ri), 1/4 củ cải, 1 phần thân trắng hành lá to daepa (đê pha), 2 củ tỏi, 2 thìa xì dầu nấu canh, muối

Gia vị ướp thịt: Xì dầu nấu canh, hành băm, tỏi băm, một chút hạt tiêu

❈❈❈❈ Cách làm

① Thịt bò chuẩn bị loại giẻ sườn để nguyên cục rồi ngâm vào nước lạnh để rút máu ra nước.
② Hành thái đoạn to, tỏi để nguyên củ.
③ Cho ① và ② vào nồi rồi đun sôi thật kĩ, sau đó vớt thịt ra và để nguội nước luộc.
④ Thịt đã vớt ra xé theo thớ rồi trộn với gia vị ướp thịt, củ cải thái lát mỏng.
⑤ Đun sôi nước luộc thịt lên rồi cho xì dầu nấu canh, muối vào cho vừa vị, sau đó cho thịt bò đã trộn gia vị, củ cải vào đun thêm lần nữa là được.

❈❈❈❈ Орц

Үхрийн мах 300гр, цагаан мманжин 1/4, ногоон сонгино 1 ширхэг, сармис 2 ширхэг, шөлний цуу 2 цайны халбага, давс

Махны амтлагч: Шөлний цуу, хэрчсэн сонгино, татсан сармис, перец бага зэрэг

❈❈❈❈ Хоол хийх арга

① Үхрийн махаа хүйтэн усанд хийж зайлна.
② Сонгиноо томовтор хэрчиж бэлдэнэ.
③ Саванд мах сонгино сармисаа хийж удаан буцалгасны дараа махаа авч шөлөө хөргөөнө.
④ Махаа нарийн хэрчсэний дараа амтлагчаар амтлан цагаан манжинг баё хэрчинэ.
⑤ Мах манжингаа шөлөндөө хийн шөлний цуу, давсаар амтлан дахин чанана.

봄
春天
春
Mùa xuân
Хавар

애호박 칼국수

西葫芦手切面

エホバクカルククス（かぼちゃ入りうどん）

Bánh đa bí non (E hô bác khal kuk su)

Эхубаг кальгүгсү (Жижиг хулуутай гурилтай шөл)

❀❀❀❀ **재료**

애호박 1개, 풋고추 · 붉은 고추 1개씩, 생 칼국수 2인분, 바지락조개 150g, 양파 1/4개, 다진 마늘 1T, 국간장 1T,
소금 조금
다시물: 물 10컵, 다시마 7cm, 소금 조금

❀❀❀❀ **조리방법**

① 바지락은 옅은 소금물에 넣어 뚜껑을 덮고 그늘에서 해감한다.
② 애호박과 양파는 채 썰고 고추는 씨를 빼고 다져놓는다.
③ 다시물을 끓이다가 다시마는 건져내고 해감한 바지락을 넣어 한소끔 끓인다.
④ 생면에 붙은 밀가루를 털어낸 후 ③에 넣고 저어가며 삶다가 애호박, 양파, 마늘을 넣어 끓인다.
⑤ 국간장, 소금으로 간을 한다.
⑥ 담을 때 다진 풋고추와 붉은 고추를 얹어낸다.

❀❀❀❀ **材料**

西葫芦 1个、青辣椒、红辣椒各1个，手切面 2人份，黄蚬 150g，洋葱 1/4个，蒜末 1汤匙，汤用酱油 1汤匙，盐 少许
海带汤：水 10杯，海带 7cm，盐 少许

❀❀❀❀ **料理方法**

① 把黄蚬泡在淡盐水中，盖上锅盖，放在阴凉处。
② 西葫芦和洋葱切丝，除去辣椒籽，把辣椒切碎。
③ 海带汤水煮开后，把海带捞出来，放入准备好的黄蚬，再煮一会儿。
④ 把手切面放入③中开始煮，煮一会儿以后，放入西葫芦、洋葱和蒜末，再煮一会儿。
⑤ 加盐和酱油调味儿。
⑥ 盛出来时，点缀上准备好的青、红辣椒，即完成。

❀❀❀❀ **材料**

若くて熟していないかぼちゃ 1個、青唐辛子・紅唐辛子 1個ずつ、生カルククス 2人前、アサリ 150g、玉ねぎ1/4個、
ニンニクのみじん切り 1T、醤油 1T、塩少量
だし汁：水 10コップ、昆布 7cm、塩少量

❀❀❀❀ **料理方法(レシピ)**

① アサリは薄い塩水に入れてふたをして陰をつくり砂抜きをする。
② かぼちゃと玉ねぎは千切にして唐辛子は種を除いて軽くおさえる。
③ だし汁を火にかけ昆布は途中で引き出し、砂抜きしたアサリを入れてもう一度煮る。
④ 生麺に付いた小麦粉を払い落とした後 ③に入れて混ぜながらゆでる。途中でかぼちゃ、玉ねぎ、ニンニクを入れて煮る。
⑤ 醤油、塩で味を調える。
⑥ 具の上に刻んだ青唐辛子と赤い唐辛子をのせて盛り付ける。

❀❀❀❀ **Nguyên liệu**

1 quả bí non (e hô bác), 1 quả ớt xanh và 1 quả ớt đỏ, bánh đa đủ cho 2 người ăn, 150g hến (ba chi rắc), 1/4 củ
hành tây, 1 thìa tỏi băm, 1 thìa xì dầu nấu canh, một chút muối
Nước hầm rong biển khô dasima (đa si ma): 10 cốc nước, 7cm rong biển khô dasima (đa si ma), một chút muối

❀❀❀❀ **Cách làm**

① Cho hến vào nước muối sâm sấp, đậy vung lại rồi ngâm trong bóng râm.
② Bí non và hành tây thái chỉ, ớt bỏ hạt và băm nhỏ ra.
③ Đun nước hầm rong biển khô, được thì vớt miếng rong biển ra, cho hến đã ngâm vào rồi đun lên.
④ Giũ bột mì bám trên bánh đa ra rồi cho vào ③, vừa quấy lên vừa đun, cho thêm bí non, hành tây, tỏi băm vào rồi
 đun tiếp.
⑤ Cho xì dầu nấu canh và muối vào để vừa vị.
⑥ Khi cho ra bát thì cho ớt xanh và ớt đỏ đã băm sẵn bày lên trên bánh đa.

❀❀❀❀ **Орц**

Жижиг хулуу 1 ширхэг, дутуу боловсорсон чинжүү 1 ширхэг, улаан чинжүү 1 ширхэг, хэрчсэн гурил 2 порц, бажираг
хясаа 150гр, сонгино 1/4 ширхэг, татсан сармис 1 хоолны халбага, шөлний цуу 1 хоолны халбага, давс бага зэрэг
Дашиман шөл: ус 10 аяга, дашима 7 ширхэг, давс бага зэрэг

❀❀❀❀ **Хоол хийх арга**

① Бажираг хясааг давстай усанд хийж таглана.
② Жижиг хулуу, сонгиныг нарийн хэрчин чинжүүний доторх үрийг цэвэрлэн жижиг хэрчинэ.
③ Дашииман шөлийг буцалсны дараа дашимаг сойн авч бажираг хясааг хийн буцалгана.
④ Шөлөнд хэрчсэн гурилаа хийн буцалсны дараа жижиг хулуу, сонгино, сармисаа хийж буцалгана.
⑤ Шөлний цуу, давсаар амтыг тохируулна.
⑥ Таваглахдаа жижиглэж хэрчсэн улаан ногоон чинжүүгээ цацна.

연근조림

蓮藕做法
蓮根の煮つけ
Củ sen rim (Dơn gưn chô rim)
Ёнгын журим (Жигнэсэн ёнгын)

❀❀❀❀ **재료**

연근 200g, 다시마물 1/2컵, 진간장 2T, 식용유 1T, 설탕 1T, 맛술 1T, 물엿1T, 참기름 조금

❀❀❀❀ **조리방법**

① 연근을 5mm두께로 얇게 썬다.
② 연근이 잠길 정도의 물에 식초를 한두 방울 넣고 5~10분 정도 삶아준다.
③ 체에 건진다.
④ 다시마물, 진간장, 식용유, 설탕, 맛술을 넣고 뚜껑을 덮고 익힌다.
⑤ 연근이 익으면 물엿을 넣고 은근한 불에서 양념장을 끼얹어 가며 조린다.
⑥ 윤기가 나게 조려지면 참기름을 넣어 마무리한다.

❀❀❀❀ **材料**

莲藕 200g，海带汤 1/2杯，浓酱油 2汤匙，食用油 1汤匙，糖 1汤匙，料酒 1汤匙，糖稀 1汤匙，香油 少许

❀❀❀❀ **料理方法**

① 把莲藕切成5mm的薄片。
② 把莲藕放在水里，水面刚好没过莲藕的程度，加1、2滴醋，煮5~10分钟左右。
③ 把莲藕捞出来。
④ 加入海带汤、浓酱油、食用油、糖和料酒，盖上锅盖煮熟。
⑤ 莲藕煮熟后，加入糖稀，微火，淋上调料，继续加热。
⑥ 等待莲藕出现色泽时加入一点香油拌一下儿即完成。

❀❀❀❀ **材料**

蓮根 200g、昆布の出し汁 1/2カップ、濃い口醤油 2T、食用油 1T、砂糖 1T、料理酒 1T、水飴 1T、胡麻油少量

❀❀❀❀ **料理方法(レシピ)**

① 蓮根を 5mmの厚さに薄く切る。
② 蓮根が浸るほどの水に酢を一二滴入れて 5~10分位煮る。
③ ざるにあげる。
④ 昆布のだし汁、濃い口醤油、食用油、砂糖、料理酒を入れてふたをして煮る.。
⑤ 蓮根が煮えたら水飴を入れて弱火にし、汁とまぜながら煮る。
⑥ 照りがでるように煮、胡麻油をいれ味を調節する。

❀❀❀❀ **Nguyên liệu**

200g Củ sen, 1/2 cốc nước hầm rong biển khô dasima (đa si ma), 2 thìa xì dầu, 1 thìa dầu ăn, 1 thìa đường, 2 thìa nước đường cô (mul iệt), 1 thìa rượu tạo vị ngon (mạt sul), một chút dầu vừng (trăm ki rưm)

❀❀❀❀ **Cách làm**

① Củ sen thái mỏng có độ dầy khoảng 5mm.
② Cho một vài giọt dấm vào nước ngập Củ sen rồi luộc khoảng 5~10 phút.
③ Vớt Củ sen ra.
④ Cho nước hầm rong biển khô dasima, xì dầu, dầu ăn, đường, rượu tạo vị ngon vào, đậy vung nồi rồi nấu chín.
⑤ Khi Củ sen đã chín thì cho nước đường cô vào rồi cho gia vị vào cùng, đun nhỏ lửa cho cạn nước.
⑥ Khi bề mặt Củ sen ánh lên thì cho dầu vừng vào là được.

❀❀❀❀ **Орц**

Ёнгын 200гр, дашиман шөл1/2 аяга, удаан дарсан цуу 2 хоолны халбага, ургамлын тос 1 хоолны халбага, элсэн чихэр 1 хоолны халбага, хүнсний зориулалттай архи 1 хоолны халбага, сахарны ёд 1 хоолны халбага, гүнжидийн тос бага зэрэг

❀❀❀❀ **Хоол хийх арга**

① Ёнгын 5мм-н өргөнтэй нарийн хэрчинэ.
② Ёнгын давах төдий усанд 1-2 дусал цагаан цуу хийн 5-10минут буцалгана.
③ Шүүрээр шүүн хатаана.
④ Дашиман шөл, удаан дарсан цуу, элсэн чихэр, хүнсний зориулалттай архи хийн таглаад болгоно.
⑤ Ёнгын болсны дараа сахарны ёдоо хийн зөөлөн гал дээр ширгээнэ
⑥ Ширгээж амтлагч нь ёнгынд бүрэн орсны дараа гүнжидийн тос хийж холино.

오색화전

五色花饼
五色ファジョン(五色花びら餅)
5 sắc hoa tẩm bột mì rán (Ô sếch hoa chơn)
Хоол хийх арга

❋❋❋❋❋ 재료

찹쌀가루 5컵(소금 조금), 백년초 가루, 치자물, 쑥, 포도즙 조금씩, 설탕, 식용 꽃(진달래, 제비꽃, 쑥 등)

❋❋❋❋❋ 조리방법

① 찹쌀가루를 1컵씩 나누어 네 개에 각각 백년초 가루, 치자물, 포도즙, 쑥을 넣고 끓인 물을 넣어 다섯 색깔
　의 반죽을 준비한다.
② 반죽을 조금씩 떼어 둥글게 빚은 다음 프라이팬에 식용유를 두르고 한 면을 지진 후 뒤집어 꽃을 붙이고
　나머지를 익혀 준다.
③ 접시에 붙지 않도록 그릇에 설탕을 뿌리고 화전을 놓는다.

❋ ❋ ❋ ❋ **材料**

糯米粉 5杯(盐 少许)，百年草粉(百年草是生长于韩国济州岛的一种仙人掌的果实，果实本身为粉红，且无色素，用这种仙人掌的果实制成的茶，能治疗消化不良。)，栀子水，艾草，葡萄汁 少许，糖，可食用花(杜鹃、麻姑莲、艾草等)

❋ ❋ ❋ ❋ **料理方法**

① 用百年草、栀子水、葡萄汁和艾草煮水，然后分别加入糯米粉，搅拌成面糊。

② 把面糊摊成圆形状小饼，在煎锅里煎，饼的一面煎熟，一面贴上可食用的花，然后再煎熟即可。

③ 在盘子上撒上糖，然后把花饼放上去即可。

❋ ❋ ❋ ❋ **材料**

もち米粉 ５カップ(塩少量)、百年草粉、くちなしの実、よもぎ、ぶどうジュース 少量ずつ、砂糖、食用花(つつじ、スミレ、よもぎ など)

❋ ❋ ❋ ❋ **料理方法(レシピ)**

① もち米粉を １カップずつ五つに分けて、その中の４つに百年草粉、くちなしの実、ぶどうジュース、よもぎを少しずつ入れる。その中に沸かした湯を入れて五色の練ったものを用意する。

② もち米を練ったものを少しずつとり平たく丸くする。フライパンに食用油をひいて片面を焼いた後反対にし花を付けて焼く。

③ 器に砂糖をふりかけファジョンを盛り付ける。

❋ ❋ ❋ ❋ **Nguyên liệu**

5 cốc bột gạo nếp (có thêm một chút muối), bột xương rồng hình quạt (bệch niên tro ka ru), nước hạt chija (tri cha), ngải cứu, một chút nước nho ép, đường, hoa dùng để ăn (jindallae: chin đan le, hoa yến: che bi kốt, ngải cứu: súc…)

❋ ❋ ❋ ❋ **Cách làm**

① 5 cốc bột gạp nếp để riêng ra, cho nước đun từ bột xương rồng hình quạt (bệch niên tro ka ru), nước hạt chija (tri cha), ngải cứu, nước nho ép vào 4 cốc, cốc còn lại cho nước vàonhào lên tạo thành bột có 5 màu sắc khác nhau.

② Dứt một chút bột, nặn thành hình tròn rồi cho vào chảo đã hâm nóng dầu ăn, rán chín một mặt thì lật lại, dính hoa lên trên rồi rán chín nốt mặt còn lại.

③ Rắc đường lên đĩa rồi bày bánh hoa rán lên.

❋ ❋ ❋ ❋ **Орц**

Нааⴈги будааны гурил 5 аяга (давс бага зэрэг), бэгнёнчун гурил , чижамүль, агь, усан үзэмний шүүс бага зэрэг, элсэн чихэр, хүнсний зориулалттай цэцэг (даль цэцэг, наль цэцэг, агь зэрэг)

❋ ❋ ❋ ❋ **Хоол хийх арга**

① Нааⴈги будааны гурилаа 5 хэсэг хуваан 4т нь бэгнёнчун гурил , чижамүль, агь, усан үзэмний шүүсээ хийн халуун усаар зуурч 5 янзын өнгөтэй зуурмаг гаргана.

② Зуурмагаа дугуй элдэн тосолсон хайруулын тавганд 1 талыг нь шарж эргүүлээд нөгөө талд нь хүнсний зориулалттай цэцгээ наан шарж болгоно.

③ Тавган дээр элсэн чихэр цацан 5 өнгийн гамбираа тавина.

파강회

小葱卷儿
パカンヘ
Hành trần (Pha kang huê)
Паганху

❄❄❄❄ **재료**

쪽파 1단(300g), 소금 조금, 맛살 5줄, 오징어 1마리
초고추장: 고추장 2T, 식초 1T, 설탕 1T, 마늘즙 1/2T, 생강즙 1t, 통깨 조금

❄❄❄❄ **조리방법**

① 쪽파는 다듬어 팔팔 끓는 물에 소금을 조금 넣고 살짝 데쳐낸다.
② 데친 후 바로 찬물에 씻어 차게 식힌다.
③ 오징어도 끓는 물에 데쳐서 5cm 크기로 썰어 놓는다.
④ 맛살도 같은 크기로 썰어 놓는다.
⑤ 데친 쪽파로 맛살과 오징어를 감아 마무리한다.
⑥ 초고추장을 같이 낸다.

❀❀❀❀ 材料

小葱 1捆(300g)，盐 少许，蟹肉棒 5根，鱿鱼 1条
醋酱：辣椒酱 2汤匙，醋 1汤匙，糖 1汤匙，蒜汁 1/2汤匙，生姜汁 1汤匙，芝麻 少许

❀❀❀❀ 料理方法

① 把准备好的小葱放在热盐水里焯一下。
② 焯好的小葱马上放在凉水中冷却。
③ 把鱿鱼放在热水里焯好，切成5cm大小。
④ 蟹肉棒也切成和鱿鱼一样的大小。
⑤ 用焯好的小葱把蟹肉棒和鱿鱼绑起来，弄成卷儿。
⑥ 然后蘸醋酱食用即可。

❀❀❀❀ 材料

わけぎ1束(300g)、 塩少量、マテガイ 5連(適量)、イカ 1匹
酢コチジャン：コチジャン 2T、酢 1T、砂糖 1T、ニンニク汁 1/2T、生姜汁 1t、ごま少量

❀❀❀❀ 料理方法(レシピ)

① わけぎは洗ってから十分に沸いているお湯に塩を少し入れてさっとゆでる。
② ゆでた後すぐ冷水にさらし冷やす。
③ イカも沸かした湯でゆでて 5cmの大きさに切っておく。
④ マテガイも同じ大きさに切っておく。
⑤ ゆでたわけぎでマテガイとイカを巻いて盛り付ける。
⑥ 酢コチジャンを一緒に出す。

❀❀❀❀ Nguyên liệu

11 bó hành lá (chốc pha) (300g), một chút muối, 5 miếng chả vị tôm matsal (mạt sal), 1 con mực
Tương ớt: 2 thìa gochujang (kô tru chang), 1 thìa dấm, 1 thìa đường, 1/2 thìa nước tỏi ép, 1 thìa nước gừng ép, một chút vừng rang

❀❀❀❀ Cách làm

① Hành nhặt sạch, đun nước sôi, cho thêm một chút muối vào rồi trần qua hành.
② sau khi trần xong vớt ngay hành ra và rửa sạch bằng nước lạnh.
③ Mực cũng trần bằng nước đun sôi rồi cắt miếng dài khoảng 5cm.
④ Matsal thái theo độ dài như trên.
⑤ Lấy hành đã trần quấn quanh mực và matsal rồi buộc chặt lại.
⑥ Làm tương ớt rồi bày cùng và chấm ăn.

❀❀❀❀ Орц

Таримал ногоон сонгино 1 багц (300гр), давс бага зэрэг, хавчны мах 5 ширхэг, далайн арваалж 1 ширхэг
Цагаан цуутай чинжүүн жан: Чинжүүн жан 2 хоолны халбага, цагаан цуу 1 хоолны халбага, элсэн чихэр 1 хоолны халбага, сармисны шүүс 1/2 хоолны халбага, цагаан гааны шүүс 1 цайны халбага, гүнжидийн үр бага зэрэг

❀❀❀❀ Хоол хийх арга

① Буцалж буй усанд давсаа хийн цэвэрлэсэн таримал ногоон сонгиноо хийж болгоно.
② Болсны дараа хүйтэн усанд сойно.
③ Буцалж буй усанд далайн арваалжаа хийж болгосны дараа 5 см-н урттай хэрчинэ.
④ Хавчны махыг адил хэмжээтэй хэрчинэ.
⑤ Болсон таримал ногоон сонгиноор хавчны мах болон далайн арваалжаа бооно.
⑥ Цагаан цуутай чинжүүний жантай хамт гаргана.

여름
夏天
夏
Mùa hè
Зун

가지탕수

糖醋茄子
なすタンス
Cà tím tẩm bột rán rưới nước sốt (Gà chi thăng su)
Гажи дансу

❀❀❀❀ 재료

가지 1개, 감자 1개, 전분가루 2T, 튀김가루 5T, 다진 마늘 1t, 양파 1/4개, 붉은 피망 1/4개, 물 · 참기름 · 후추 조금,
식용유(튀김용)
소스 양념: 굴소스 2T, 식초 3T, 설탕 3T, 물전분 1T, 물 2컵

❀❀❀❀ 조리방법

① 가지와 감자는 먹기 좋은 크기로 썰어 참기름과 다진 마늘, 후추로 밑간을 한다.
② 튀김가루와 전분가루를 섞어 튀김옷을 만들어 ①을 넣어 버무린다.
③ 170℃로 예열한 기름에 ②를 튀긴다.
④ 양파와 붉은 피망은 1×1cm로 썬다.
⑤ 팬에 양파와 붉은 피망, 소스 양념을 넣고 끓어오르면 물전분을 넣어 걸쭉하게 만든다.
⑥ 먹기 직전에 튀긴 가지와 감자 위에 소스를 뿌려서 낸다.

✿✿✿✿ 材料

茄子 1个，土豆 1个，淀粉 2汤匙，油炸用面粉 5汤匙，蒜末 1汤匙，洋葱1/4个，红柿子椒 1/4个，水、香油和胡椒粉 少许，食用油（油炸用）

沙司调料：蚝油 2汤匙，醋 3汤匙，糖 3汤匙，水淀粉 1汤匙，水 2杯

✿✿✿✿ 料理方法

① 把茄子和土豆切成合适大小，然后加入香油、蒜末和胡椒粉调味儿。
② 把油炸用面粉和淀粉混合在一起，然后放入①，拌一下儿。
③ 油预热到170℃，然后把②油炸。
④ 把洋葱和红柿子椒按1×1cm切好。
⑤ 在炒锅里放入洋葱、红柿子椒、和沙司调料，开后，加入水淀粉使之变稠一点儿。
⑥ 食用前把做好的沙司酱淋在炸好的茄子和土豆上即可。

✿✿✿✿ 材料

なす 1個、じゃがいも 1個、でんぷんの粉 2T、天ぷら粉 5T、ニンニクのみじん切り 1t、たまねぎ1/4個、赤いピーマン 1/4個、水・胡麻油・胡椒少量、食用油(天ぷら用)

ソース用調味料：オイスターソース 2T、酢3T、砂糖 3T、でんぷんを水にといたもの 1T、水 2カップ

✿✿✿✿ 料理方法(レシピ)

① なすとじゃがいもは食べやすい大きさに切って胡麻油とニンニクのみじん切り、胡椒で下味をつける。
② 天ぷら粉と澱粉の粉を混ぜ合わせころもを作って ①を入れて混ぜる。
③ 170℃に予熱した油で②を揚げる。
④ たまねぎと赤いピーマンは 1×1cmに切る。
⑤ フライパンに玉ねぎと赤いピーマン、ソース用調味料を入れて沸騰させでんぷんを水にといたものを入れてどろりとさせる。
⑥ 食べる直前に揚げたなすとじゃがいもの上にソースをかけて出す。

✿✿✿✿ Nguyên liệu

1 quả cà tím, 1 củ khoai tây, 2 thìa bột đao (chơn bun ka ru), 5 thìa bột rná (thuy kim ka ru), 1 thìa tỏi băm, 1/4 củ hành tây, 1/4 quả ớt đỏ to (bul kưn phi mang), một chút nước, dầu vừng (trăm ki rưm) và hạt tiêu, dầu rán.

Gia vị nước sốt: 2 thìa sốt sò huyết (kul sốt sư), 3 thìa dấm, 3 thìa đường, 1 thìa bột đao nước, 2 thìa nước

✿✿✿✿ Cách làm

① Cà tím và khoai tây thái miếng vừa miệng ăn, cho dầu vừng, tỏi băm và hạt tiêu vào ướp.
② Trộn bột rán và bột đao rồi nhào lên cho ① vào trộn đều lên để bột dính đều lên ①.
③ Cho 2 vào rán tại chảo mỡ đã sôi đến 170℃.
④ Hành tây và ớt đỏ to thái miếng 1×1cm.
⑤ Cho hành tây và ớt đỏ to , gia vị nước sốt vào chảo rồi đun sôi lên, sau đó cho bột đao nước vào tạo thành dung dịch nước sốt đặc.
⑥ Ngay trước khi ăn rưới nước sốt lên trên cà tím và khoai tây đã rán chín là được.

✿✿✿✿ Орц

Гажи 1 ш, төмс 1 ш, төмсний гурил 2 х/х, тосонд шарах зориулалтын гурил 5 х/х, татсан сармис 1 ц/х, сонгино 1/4 ш, улаан амтат чинжүү 1/4 ш, ус, гүнжидийн тос, перец бага зэрэг, ургамлын тос

Соусны амтлагч : зөгийн балны соус 2 х/х, цагаан цуу 3 х/х, элсэн чихэр 3х/х, цардуул 1 х/х, ус 2 аяга

✿✿✿✿ Хоол хийх арга

① Гажи төмсөө тохирох хэмжээгээр зүсэж гүнжидийн тос, татсан сармис, перецээр амталнa.
② Тосонд шарах зориулалтын гурил, төмсний гурилаа холиод ①ээ хийж хутгана.
③ 170 градусд шарнa.
④ Сонгино улаан амтат чинжүүгээ 1×1cm хэмжээтэй хэрчинэ.
⑤ Хайруулын тавганд сонгино чинжүү соусны амтлагчаа хийж буцалгасны дараа цардуулаа хийнэ.
⑥ Идэхийн өмнө шарсан гажи төмсөн дээрээ соусаа түрхэнэ.

감자전
土豆饼
ジャガイモのジョン
Khoai tây rán bột (Kăm cha chòn)
Камжа жон (Төмстэй гамбир)

❀ ❀ ❀ ❀ **재료**

감자 2개, 호박 1/5개, 양파 1/4개, 밀가루 3T, 당근 1/5개, 소금 1t, 식용유 조금
양념장: 진간장 1T, 고춧가루 1t, 다진 마늘 1t, 통깨 조금, 다진 대파 조금

❀ ❀ ❀ **조리방법**

① 감자는 껍질을 벗겨 강판에 간 다음 밀가루에 소금을 넣어 반죽한다.
② 양파는 강판에 간다.
③ 호박과 당근은 채 썬다.
④ ①에 ②와③을 넣고 달군 팬에 식용유를 두르고 노릇하게 부친다.
⑤ 양념장을 만들어 함께 낸다.

❀❀❀❀ 材料

土豆 2个，西葫芦 1/5个，洋葱 1/4个，面粉 3汤匙，胡萝卜 1/5个，盐 1汤匙，食用油 少许
调味酱：弄酱油 1汤匙，辣椒粉 1汤匙，蒜末 1汤匙，芝麻 少许，葱花 少许

❀❀❀❀ 料理方法

① 土豆削皮，用砧板把土豆弄碎，加入面粉和盐，做成面团。
② 把洋葱用砧板弄碎。
③ 西葫芦切丝。
④ 在①中放入②和③，等油锅烧热时煎后即可。
⑤ 做好调味酱，土豆饼蘸着吃即可。

❀❀❀❀ 材料

じゃがいも 2個、カボチャ 1/5個、玉ねぎ 1/4個、小麦粉 3T、にんじん 1/5個、塩 1t、食用油少量
たれ：濃い口醤油 1T、唐辛子の粉 1t、ニンニクのみじん切り 1t、ごま少し、刻んだ長ねぎ少量

❀❀❀❀ 料理方法(レシピ)

① じゃがいもは皮をむいておろし器ですった後小麦粉と塩を入れて混ぜる。
② 玉ねぎもする。
③ カボチャとにんじんは千切りにする。
④ ①に ②と ③を入れて熱したフライパンに食用油をひいてこんがりと焼く。
⑤ たれを作って一緒に添える。

❀❀❀❀ Nguyên liệu

2 củ khoai tây, 1/5 củ bó non (e hô bắc), hành tây, 3 cốc bột mì, 1/5 củ cà rốt, 1 thìa muối, một chút dầu ăn
Nước chấm: 2 thìa ớt bột, 2 thìa xì dầu, 1 thìa tỏi băm, 1 thìa hành băm, 1 thìa dầu vừng (trăm ki rưm), một
            chút vừng rang muối

❀❀❀❀ Cách làm

① Khoai tây gọt vỏ, mài trên tấm mài (kang phan) rồi cho bột mì và muối vào và nhào lên.
② Hành tây cũng mài trên tấm mài.
③ Bí non và cà rốt thái chỉ.
④ Cho ②, ③, vào ①, cho dầu ăn vào chảo đã để nóng rồi rán vàng lên.
⑤ Làm nước chấm và chấm ăn cùng.

❀❀❀❀ Орц

Төмс 2 ширхэг, хулуу 1/5 ширхэг, сонгино 1/4 ширхэг, гурил 3 хоолны халбага, лууван 1/5 ширхэг, давс 1 цайны
халбага, ургамлын тос бага зэрэг
Амтлагч: Удаан дарсан цуу 1 хоолны халбага, нунтаг чинжүү 1 цайны халбага, татсан сармис 1 цайны халбага,
        гүнжидийн үр бага зэрэг, хэрчсэн ногоон сонгино бага зэрэг

❀❀❀❀ Хоол хийх арга

① Төмсийг хальсалж үрүүлд үрсэний дараа гуриланд давс төмсөө хийж базна.
② Сонгиныг үрүүлд үрнэ.
③ Хулуу лууванг нарийн хэрчинэ.
④ Бэлдсэн зүйлээ тосолсон хайруулын тавганд хийж шарна.
⑤ Амтлагчыг бэлдээд хамт гаргана.

깻잎 고기전

芝麻叶肉饼
ケンニプコギジョン
Lá kenip (ken nhip) tẩm thịt rán (Ken nhịp kô ki chơn)
Гэны ип гуги жон (Гэны ип махтай гамбир)

❀❀❀❀ **재료**

돼지고기(다진 것) 200g, 두부 1/2모, 당근 1/4개, 피망 1/4개, 깻잎 30장, 밀가루 1컵, 계란 2개
양념: 청주 1T, 다진 마늘 1T, 소금 1t, 참기름 1t, 다진 파 1T, 생강 1/2t, 후추 조금

❀❀❀❀ **조리방법**

① 두부는 물기를 짜서 으깬다.
② 당근과 피망은 곱게 다진다.
③ 다진 돼지고기에 양념을 한 후 ①과 ②를 넣어 섞는다.
④ 깻잎의 안쪽에 밀가루를 묻혀 ③을 붙인다.
⑤ 팬에 식용유를 두르고 ④에 밀가루, 계란물 순으로 묻혀서 부쳐낸다.
⑥ 간장 1T와 식초 1t를 섞어 곁들여 낸다.

❀❀❀❀ **材料**

猪肉(肉馅) 200g，豆腐 1/2块，胡萝卜 1/4个，大青椒(柿子椒) 1/4个，芝麻叶 30个，面粉 1杯，鸡蛋 2个
调料：清酒 1汤匙，蒜末 1汤匙，盐 1汤匙，香油 1汤匙，葱花 1汤匙，生姜末 1/2汤匙，胡椒粉 少许

❀❀❀❀ **料理方法**

① 除掉豆腐里的水分，然后把豆腐捣碎。
② 把胡萝卜和大青椒（柿子椒）切碎。
③ 在牛肉馅中加入调料后，把①和②都放进去搅拌。
④ 把芝麻叶的上面蘸上面粉，把③包起来。
⑤ 锅里准备好油，在④上，沾上鸡蛋和面粉和好的面糊，然后放在锅里煎。
⑥ 把1汤匙酱油和1汤匙醋拌在一起，拼放在一旁即可。

❀❀❀❀ **材料**

豚肉(ミンチ) 200g、豆腐 1/2丁、にんじん 1/4個、ピーマン 1/4個、ケンニプ 30枚、小麦粉 1カップ、卵 2個
味付け用調味料：日本酒 1T、ニンニクのみじん切り 1T、塩 1t、胡麻油 1t、ねぎのみじん切り 1T、生姜 1/2t、
　　　　　　　　胡椒少量

❀❀❀❀ **料理方法(レシピ)**

① 豆腐は水気を取ってつぶす。
②にんじんとピーマンは小さくきれいに切る。
③ 豚肉に味付け用調味料を混ぜ ①と ②を入れて混ぜる。
④ ケンニプの内側に小麦粉をつけて ③を付ける。
⑤ ④に小麦粉、卵の順序でつけて食用油をひいたフライパンで焼く。
⑥ 醤油 1Tと酢 1tを混ぜて添え出す。

❀❀❀❀ **Nguyên liệu**

200g thịt lợn (băm nhỏ), 1/2 bìa đậu, 1/4 củ cà rốt, 1/4 ớt xanh to (phi mang), 30 lá kenip (ken nhip), 1 cốc bột mì, 2 quả trứng
Gia vị: 1 thìa rượu cheongju (trơng chu), 1 thìa tỏi băm, 1 thìa muối, 1 thìa hành băm, 1 thìa dầu vừng (trăm ki rưm), 1/2 thìa gừng, một chút hạt tiêu

❀❀❀❀ **Cách làm**

① Vắt kiệt nước trong đậu rồi nghiền nát.
② Cà rốt và ớt xanh to băm nhỏ ra.
③ Sau khi ướp gia vị vào thịt băm, cho ① và ② vào cùng rồi trộn đều lên.
④ Rắc bột mì lên mặt trong lá keniprồi cho ③ dính lên mặt lá.
⑤ Cho dầu ăn vào chảo, nhúng ④ vào bột mì, trứng rồi rán chín.
⑥ Cho 1 thìa xì dầu cùng 1 thìa dấm hòa đều lên rồi rưới lên trên lá kenip tẩm thịt đã chín.

❀❀❀❀ **Орц**

Татсан гахайн мах 200гр, дуфү 1/2, лууван 1/4 ширхэг, амтат чинжүү 1/4 ширхэг, гэны ип 30 ширхэг, гурил 1 аяга, өндөг 2 ширхэг
Амтлагч: цагаан будааны архи 1 хоолны халбага, татсан сармис 1 хоолны халбага, давс 1 цайны халбага, гүнжидийн тос 1/2 цайны халбага, хэрчсэн сонгино 1 хоолны халбага, цагаан гаа 1/2 цайны халбага, перец бага зэрэг

❀❀❀❀ **Хоол хийх арга**

① Дуфүг шүүсгүй болтол нь базна.
② Лууван, амтат чинжүүг хэрчинэ.
③ Татсан гахайн махаа амталсны дараа дуфү, лууван, амтат чинжүүгээ хийж холино.
④ Гэны ипын дунд нь гурилаа түрхэн мах ногоогоо тавина.
⑤ Хайруулын тавгинд тосоо хийж халаасны дараа амталсан гэны ипээ гурил өндгөндөө дүрэн шарна.
⑥ Цуу 1 хоолны халбага, цагаан цуу 1 цайны халбага холиж хамт гаргана.

너비아니

烤牛肉片
ノビアニ（プルコギ）
Thịt bò tẩm gia vị rán (Nờ bi a ni)
Нобиана

❋❋❋❋ **재료**

소고기(우둔살) 600g, 잣 1T, 식용유 조금, 산적꽂이
양념: 진간장 5T, 다진 파 4T, 다진 마늘 2T, 설탕 2T, 꿀 1T, 청주 2T, 배즙 2T, 참기름 3T, 깨소금 2T, 후추 조금

❋❋❋❋ **조리방법**

① 소고기는 길이 10cm, 폭 6~7cm 크기로 썰어서 양념장에 재어 둔다.
② 잣은 키친타월이나 종이를 깔고 곱게 다진다.
③ ①을 산적꽂이에 꿰어 팬에 기름을 두르고 굽는다.
④ 접시에 ③을 담고 다진 잣을 뿌려 낸다.

❀❀❀❀ **材料**

牛肉(牛臀肉) 600g，松子 1汤匙，食用油 少许，烤肉签子

调料：浓酱油 5汤匙，葱花 4汤匙，蒜末 2汤匙，糖 2汤匙，蜂蜜 1汤匙，清酒 2汤匙，梨汁 2汤匙，
　　　香油 3汤匙，芝麻盐 2汤匙，胡椒粉 少许

❀❀❀❀ **料理方法**

① 把牛肉切成长10㎝，宽6~7㎝的肉片，然后抹上调料。
② 把松子仁用洗碗巾或纸盖上，捣碎。
③ 把①用签子穿起来，然后在煎锅里煎一下。
④ 把③放在盘子里，然后撒上捣碎的松子仁即可。

❀❀❀❀ **材料**

牛肉(臀部肉) 600g、松の実 1T、食用油少量、串

味付け用調味料：濃い口醤油 5T、ねぎのみじん切り 4T、ニンニクのみじん切り 2T、砂糖 2T、蜂蜜 1T、
　　　　　　日本酒 2T、梨のジュース 2T、胡麻油3T、ごま塩 2T、胡椒少量

❀❀❀❀ **料理方法(レシピ)**

① 牛肉は長さ 10cm、幅 6~7cmの 大きさに切ってたれに漬けておく。
② 松の実はキッチンタオルや紙を敷いてその上で小さく刻む。
③ ①を串に通してフライパンに油をひいて焼く。
④ お皿に ③を盛って刻んだ松の実を振りかけ盛りつける。

❀❀❀❀ **Nguyên liệu**

600g thịt bò (phần mông: U đun sal), 1 thìa hạt jat (chạt), một chút dầu ăn, que cắm thịt

Gia vị: 5 thìa xì dầu, 2 thìa tỏi băm, 4 thìa hành băm, 2 thìa đường, 1 thìa mật ong, 2 thìa rượu cheongju (trơng
　　　chu), 2 thìa nước ép lê, 3 thìa dầu vừng (trăm ki rưm), 2 thìa vừng rang muối, một chút hạt tiêu.

❀❀❀❀ **Cách làm**

① Thịt bò thái miếng co độ dài 10cm, rộng 6~7cm rồi ướp gia vị.
② Hạt jat (chạt) cho lên giấy hoặc giấy thấm mỡ rồi nghiền nhỏ ra.
③ Cắm ① vào que cắm thịt, cho dầu vào chảo rồi rán lên.
④ Bày ③ vào đĩa rồi rắc hạt jat lên trên.

❀❀❀❀ **Орц**

Үхрийн мах 600гр, самар 1 хоолны халбага, ургамлын тос бага зэрэг, санжог гучи

Амтлагч: Удаан дарсан цуу 5 хоолны халбага, хэрчсэн ногоон сонгино 4 хоолны халбага, татсан сармис 2
хоолны халбага, элсэн чихэр 2 хоолны халбага, зөгийн бал 1хоолны халбага, цагаан будааны архи 2
хоолны халбага, лийрний шүүс 2 хоолны халбага, гүнжидийн тос 3хоолны халбага, гүнжидийн үр 2
хоолны халбага, перец бага зэрэг

❀❀❀❀ **Хоол хийх арга**

① Үхрийн махыг 10см-н урттай 6-7 см-н өргөнтэй хэрчиж амтлагчинд хийнэ.
② Самрыг нүднэ.
③ Махаа санжоггучид зоон хайруулын тавганд шарна.
④ Таваглаад нүдсэн самраа дээо нь цацна.

도토리묵무침

凉拌橡子粉 (橡子冻)
どんぐりモクの和え物
Thạch dotori (đô thô ri) trộn (Đô thô ri mục mu trim)
Дутури мүг мүчим

❀ ❀ ❀ **재료**

도토리묵 1모, 붉은 고추 2개, 풋고추 2개, 깻잎, 양파, 치커리, 상추, 오이, 미나리 조금
양념장: 고춧가루 2T, 간장 2T, 다진 마늘 1t, 다진 파 1T, 참기름 1t, 깨소금 조금

❀ ❀ ❀ **조리방법**

① 도토리묵은 먹기 좋게 썬다.
② 양파는 채를 썰어서 찬물에 담근 후 건져 물기를 빼준다. 오이는 어슷썰기를 하고 각종 야채는 먹기 좋게
   썰어 준다.
③ 양념장을 만들어 ①과 ②를 함께 버무려준다.

材料

橡子粉 1块，红辣椒 2个，青辣椒2个，芝麻叶，洋葱，菊苣，生菜，黄瓜，水芹菜 各少许
调料：辣椒粉 2汤匙，酱油 2汤匙，蒜末 1汤匙，葱花 1汤匙，香油 1汤匙，芝麻盐 少许

料理方法

① 把橡子粉切成适中大小。
② 洋葱切好，泡在凉水里，捞出来后，除去水分。把黄瓜均匀切丝，其他蔬菜也切成适中大小。
③ 做好调味酱，把①和②放在一起，凉拌后即可。

材料

どんぐりモク 1丁、紅唐辛子 2個、青唐辛子 2個、ケンニプ、玉ねぎ、チコリ、サンチュ、きゅうり、せり少量ずつ
たれ：唐辛子の粉 2T、醤油 2T、ニンニクのみじん切り 1t、ねぎのみじん切り 1T、胡麻油1t、ごま塩少量

料理方法(レシピ)

① どんぐりモクは食べやすく切る。
② たまねぎは細く千切りにし冷水に浸した後、取り出し水気を切る．きゅうりは斜めに切り各種野菜は食べやすく切る。
③ たれを作って ①と ②を一緒に和える。

Nguyên liệu

1 bìa thạch dotori (đô thô ri mục), 2 quả ớt đỏ, 2 quả ớt xanh, hành tây, lá kenip (ken nhịp), rau chikheori (tri khơ ri), rau sống (sang tru), dưa chuột, một chút cần
Gia vị: 2 thìa ớt bột, 2 thìa xì dầu, 1 thìa tỏi băm, 1 thìa hành băm, 1 thìa dầu vừng (trăm ki rưm), một chút vừng rang muối

Cách làm

① Thạch dotori (đô thô ri mục) thái vừa miệng ăn.
② Hành tây thái sợi, ngâm vào nước lạnh rồi vớt ra để ráo nước. Dưa chuột thài lát chéo, các loại rau củ khác cũng thái vừa miệng ăn.
③ Làm gia vị, cho ① và② vào rồi trộn đều lên.

Орц

Дутури мүг 1 ширхэг, улаан чинжүү 2 ширхэг, дутуу боловсорсон чинжүү 2 ширхэг, гэны ип, сонгино, чикори, санчү, өргөст хэмх, минари бага зэрэг
Амтлагч: Нунтаг чинжүү 2 хоолны халбага, цуу 2 хоолны халбага, татсан сармис 1цайны халбага, хэрчсэн ногоон сонгино 1 хоолны халбага, гүнжидийн тос 1 цайны халбага, гүнжидийн үр бага зэрэг

Хоол хийх арга

① Дутури мүг хэрчинэ.
② Сонгиноо нарийн хэрчиж хүйтэн усанд сойно. Өргөст хэмхийг ташуу хэрчинэ.
③ Амтлагчаа бэлдэн дутури мүг ногоогоо хийж холино.

동그랑땡

小圆馅饼
トングランテ（韓国風ハンバーグ）
Thịt băm tẩm bột rán (Đông kư ran teng)
Дунгаран дэн (Дугираг дэн)

❄❄❄❄ **재료**

돼지고기(다진 것) 300g, 두부 1모, 당근, 양파 조금, 계란 3개, 밀가루 1T, 소금 조금, 식용유
양념: 청주 1T, 다진 마늘 1T, 소금 1t, 참기름 1t, 다진 파 1T, 생강 1/2t, 후추 조금

❄❄❄❄ **조리방법**

① 두부는 물기를 짜고 으깬다. 야채들은 잘게 다진다.
② 다진 돼지고기에 양념을 한 후 ①에 소금을 넣고 잘 섞어준다.
③ 찰기를 위해 ②에 밀가루 1T와 계란노른자 1개를 넣고 반죽한다.
④ ③을 손으로 동그랗게 만들어 밀가루를 묻힌다.
⑤ 계란물을 묻혀 팬에 식용유를 두르고 약한 불에 천천히 부쳐낸다.

❀ ❀ ❀ ❀ **材料**

猪肉(肉馅) 300g，豆腐 1块，胡萝卜，洋葱，鸡蛋 3个，面粉 1汤匙，盐 少许，食用油

调料：清酒 1汤匙，蒜末 1汤匙，盐 1汤匙，香油 1汤匙，葱花 1汤匙，生姜 1/2汤匙，胡椒粉 少许

❀ ❀ ❀ ❀ **料理方法**

① 豆腐除去水分然后捣碎，其它蔬菜也都切碎。

② 在肉馅中加入调料后，在①中加盐，然后搅拌均匀。

③ 在②中放入1汤匙面粉和一个蛋黄，搅拌以增加粘度。

④ 把③用手做成小圆饼，然后蘸上面粉。

⑤ 再蘸上鸡蛋液，然后在油锅里用小火煎后即可。

❀ ❀ ❀ ❀ **材料**

豚肉(ミンチ) 300g、豆腐 1丁、にんじん、玉ねぎ、卵 3個、小麦粉 1T、塩少量、食用油

味付け用調味料：日本酒 1T、ニンニクのみじん切り 1T、塩 1t、胡麻油 1t、ねぎのみじん切り 1T、
生姜 1/2t、胡椒少量

❀ ❀ ❀ ❀ **料理方法(レシピ)**

① 豆腐は水気をきってつぶす。野菜は細く刻む。

② 豚肉ミンチに調味料を加え下味をつた後 ①に塩を入れてよく混ぜる。

③ 粘り気を出すために、②に小麦粉 1Tと卵黄 1個を入れてよく混ぜ合わせる。

④ ③を手で丸くして小麦粉をつける。

⑤ フライパンに食用油をひいてたねに卵をといたものをつけて弱火でじっくり焼く。

❀ ❀ ❀ ❀ **Nguyên liệu**

300g thịt lợn (băm nhỏ), 1 bìa đậu phụ, hành tây, cà rốt, 3 quả trứng, 1 thìa bột mì, một chút muối , dầu ăn

Gia vị: 1 thìa rượu cheongju (trơng chu), 1 thìa tỏi băm, 1 thìa hành băm, 1 thìa muối, 1 thìa dầu vừng (trăm
ki rưm), 1/2 thìa gừng băm, một chút hạt tiêu

❀ ❀ ❀ ❀ **Cách làm**

① Đậu phụ vắt kiệt nước rồi nghiền nát. Các loại rau củ băm nhỏ ra.

② Ướp gia vị vào thịt lợn băm rồi cho muối vào rồi trộn đều lên.

③ Cho 1 thìa bột mì và 1 lòng đỏ trứng vào ② rồi nhào lên.

④ Lấy từ ③ ra lượng vừa đủ để làm thành những viên thịt tròn dẹt rồi nhưng vào một mì.

⑤ Nhúng tiếp vào nước trứng đánh sẵn rồi cho dầu ăn vào chảo và rán thịt viên chín từ từ bằng lửa nhỏ.

❀ ❀ ❀ ❀ **Орц**

Татсан гахайн мах 300гр, дуфу 1 ширхэг, лууван, сонгино, өндөг 3 ширхэг, гурил 1 хоолны халбага, давс бага зэрэг,
ургамлын тос

Амтлагч: Цагаан будааны архи 1 хоолны халбага, татсан сармис 1 хоолны халбага, давс 1 цайны халбага, гүнжидийн тос
1 цайны халбага, хэрчсэн ногоон сонгино 1 хоолны халбага, цагаан гаа 1/2 цайны халбага, перец бага зэрэг

❀ ❀ ❀ ❀ **Хоол хийх арга**

① Дуфүг базаж няцлана. Ногоонуудаа жижиглэж хэрчинэ.

② Татсан махаа амталсны дараа дуфу ногоогоо хийж давсаар амтална.

③ Барьцалдуулахын тулд 2доо 1 хоолны халбага гурил өндөгний шар хйиж хутгана.

④ аа бөөрөнхий болгож гуриланд өнхрүүлнэ.

⑤ Өндгөнд өнхрүүлээд хайруулын тавгаа тосолж зөөлөн гал дээр шарна.

돼지고기 고추장 볶음

辣椒酱炒猪肉
豚肉のコチジャン炒め
Thịt lợn xào gochujang (Tuê chi ko ki kô tru chang bộc kưm)
Дуэжи гуги гучужан буггым (Гахайн мах чинжүүн жантай хуурга)

❋❋❋ 재료

돼지고기(앞다리 살) 600g, 붉은 고추 2개, 풋고추 2개, 양파 1개, 대파 1/2뿌리, 깻잎 12장, 식용유 조금
양념: 고추장 3T, 고춧가루 1T, 진간장 2T, 다진 마늘 2T, 다진 생강 1t, 참기름 1t, 청주 1T, 후추, 참깨 조금

❋❋❋ 조리방법

① 돼지고기는 얇게 먹기 좋은 크기로 썬다.
② 대파, 풋고추, 붉은 고추는 어슷하게 썬다.
③ 양파는 얇게 채를 썰고, 깻잎도 채를 썬다.
④ 양념장 재료를 넣고 잘 섞은 다음, 깻잎을 제외한 모든 재료를 넣어 골고루 버무린다.
⑤ 팬에 식용유를 두르고 ④의 고기를 잘 볶은 뒤 채 썬 깻잎을 넣고 더 볶아낸다.

※ ※ ※ ※ **材料**

猪肉(前腿肉) 600g，红辣椒 2个，青辣椒 2个，洋葱 1个，大葱 2根，芝麻叶 12个，食用油 少许

调料：辣椒酱 3汤匙，辣椒粉 1汤匙，浓酱油 1汤匙，蒜末 2汤匙，生姜末 1汤匙，香油 1汤匙，胡椒粉，芝麻 少许

※ ※ ※ ※ **料理方法**

① 把猪肉切成大小合适的薄片。
② 葱、青辣椒和红辣椒均匀切丝。
③ 把洋葱切细，芝麻叶也切成细丝。
④ 调料调好后，除了芝麻叶以外，把所有的材料都放进去，拌一下。
⑤ 锅里均匀地倒上油，把④放进去炒以后，再放芝麻叶翻炒几下即完成。

※ ※ ※ ※ **材料**

豚肉(前足の豚足) 600g、紅唐辛子 2個、青唐辛子 2個、玉ねぎ 1個、長ねぎ 1/2本、ケンニプ 12枚、食用油少量

味付け用調味料：コチジャン 3T、唐辛子の粉 1T、濃い口醤油 1T、ニンニクのみじん切り 2T、生姜のみじん
　　　　　　切り 1t、胡麻油 1t、胡椒、胡麻少量

※ ※ ※ ※ **料理方法(レシピ)**

① 豚肉は薄く食べやすい大きさに切る。
② 長ねぎ・青唐辛子・赤い唐辛子は斜めに切る。
③ 玉ねぎは細く千切りに切り、ケンニプも千切りに切る。
④ 調味料を入れてよく混ぜた後、ケンニプを除いた全ての材料を入れてよくあえる。
⑤ フライパンに食用油をひいて ④の肉を炒めた後、千切りにしたケンニプを入れて更に炒める。

※ ※ ※ ※ **Nguyên liệu**

600g thịt lợn (loại chân trước: áp ta ri sal), 2 quả ớt đỏ, 2 quả ớt xanh, 1 củ hành tây, 1/2 phần thân trắng hành lá to daepa (đê pha), 12 lá kenip (ken nhip), một chút dầu ăn

Gia vị: 3 thìa gochujang (kô tru chang), 3 thìa ớt bột, 1 thìa xì dầu, 2 thìa tỏi băm, 1 thìa gừng băm, 1 thìa dầu vừng (trăm ki rưm), một chút hạt tiêu và vừng rang muối

※ ※ ※ ※ **Cách làm**

① Thịt lợn thái miếng mỏng vừa miệng ăn.
② Hành lá, ớt xanh, ớt đỏ thái lát.
③ Hành tây thái sợi mỏng, lá kenip thái chỉ.
④ Cho gia vị vào quấy đều lên rồi cho tất cả nguyên liệu vào trừ là kenip rồi trộn đều lên.
⑤ Cho dầu ăn vào chảo, xào ④ gồm thịt và các nguyên liệu lên rồi cho lá kenip đã thái sẵn vào xào thêm một chút là được.

※ ※ ※ ※ **Орц**

Гахайн мах 600гр, улаан чинжүү 2 ширхэг, дутуу боловсорсон чинжүү 2 ширхэг, сонгино 1 ширхэг, ногоон сонгино 1/2 ширхэг, гэны ип 12 ширхэг, ургамлын тос бага зэрэг

Амтлагч: Чинжүүн жан 3 хоолны халбага, нунтаг чинжүү 1 хоолны халбага, удаан дарсан цуу 1 хоолны халбага, татсан сармис 2 хоолны халбага, татсан цагаан гаа 1 цайны халбага, гүнжидийн тос 1 цайны халбага, гүнжидийн үр, перец бага зэрэг

※ ※ ※ ※ **Хоол хийх арга**

① Гахайн махыг нарийн хэрчинэ.
② Ногоон сонгино, улаан чинжүү, дутуу боловсорсон чинжүүг ташуу хэрчинэ.
③ Сонгино, гэны ипийг нарийн хэрчинэ.
④ Амтлагчандаа гэны ипээс бусдыг хийж сайтар холино.
⑤ Хайруулын тавгаа тосолж махаа хуурсны дараа гэны ипээ хиййж дахин хуурна.

머위나물

蜂头叶
フキナムル
Dây meowi xào (Mơ uy na mul)
Моүи намул

❁❁❁❁ **재료**

머윗대(삶은 것) 400g

양념: 다진 파 2T, 다진 마늘 1T, 국 간장 1T, 들기름 1t, 소금 1t, 들깻가루 1/2컵, 육수 1컵

❁❁❁❁ **조리방법**

① 끓는 물에 머윗대를 넣어 부드럽게 삶는다.

② 껍질을 벗긴 후 찬물에 30분 정도 담가 두었다가 물기를 짠 후 먹기 좋은 크기로 썬다.

③ ②에 양념을 넣고 간이 배도록 재워둔다.

④ 냄비에 들기름을 두르고 ③을 넣어 볶는다.

⑤ 육수를 붓고 들깨 간 것을 넣어 국물이 걸쭉해지도록 볶은 후 소금으로 간을 맞춘다.

❀❀❀❀ 材料

蜂头叶(煮用) 400g
调料: 葱花 2汤匙，蒜末 1汤匙，汤用酱油 1汤匙，苏子油 1汤匙，盐 1汤匙，苏子粉 1/2杯，肉汤 1杯

❀❀❀❀ 料理方法

① 开水中放入蜂头叶煮一下。
② 除去外皮后，放在冷水里大概30分左右，除去水分后，切成合适大小。
③ 把②加入调料调味儿。
④ 在锅里加入苏子油，然后把③放入锅里炒。
⑤ 加入肉汤和芝麻，炒粘稠后，加盐调味儿即可。

❀❀❀❀ 材料

ふきのとう 400g
味付け用調味料: ねぎのみじん切り 2T、ニンニクのみじん切り 1T、醤油 1T、えごまあぶら 1t、塩 1t、
　　　　　　　　えごまの粉 1/2カップ、だし汁 1カップ

❀❀❀❀ 料理方法(レシピ)

① 沸いているお湯にふきのとうを入れて煮る。
② 皮をむいた後冷水に30分位浸しておいてから水気をきり、食べやすい大きさに切る。
③ 後で塩加減が調節できるようにして②に調味料をいれ味付けし味がしみるようにする。
④ 鍋にえごま油をひいて③を炒める。
⑤ だし汁を注いでえごまを入れてスープがどろりとなるように煮て塩で味を調節する。

❀❀❀❀ Nguyên liệu

400g dây meowi (loại đã luộc sẵn)
Gia vị: 1 thìa xì dầu nấu canh, 1 thìa tỏi băm, 2 thìa hành băm, 1 thìa muối, 1 thìa dầu mè (thư ki rưm), 1/2 cốc bột
hạt mè (thư ke ka ru), 1 cốc nước hầm

❀❀❀❀ Cách làm

① Cho dây meowi vào nước sôi rồi luộc lên.
② Sau khi tước vỏ thì ngâm vào nước lạnh khoảng 30 phút rồi vớt ra vắt kiệt nước, sau đó thái đoạn có độ dài
　 vừa miệng ăn.
③ Ướp gia vị vào ②, để đến khi gia vị ngấm.
④ Cho dầu mè vào nồi rồi xào ③ lên.
⑤ Cho nước hầm vào, cho bột hạt mè vào cùng đều đảo lên xào đến khi nước trong nồi đặc lên thì cho muối
　 vào nếm vừa vị là được.

❀❀❀❀ Орц

Моүи 400гр
Амтлагч: Хэрчсэн ногоон сонгино 2 хоолны халбага, татсан сармис 1 хоолны халбага, удаан дарсан цуу 1 хоолны
　　　　халбага, дыл грим 1 цайны халбага, давс 1 цайны халбага, нунтаг дилгэ 1/2 аяга, шөл 1 аяга,

❀❀❀❀ Хоол хийх арга

① Буцалсан усанд моүиг хийж буцалгана.
② Хальсыг нь хуулсаны дараа хүйтэн усанд 30 минут орчим сойж идэхэд тохиромжтой хэмжээгээр хэрчинэ.
③ 2-г амтлана.
④ Тогоог дил гримээр тосолж моүиг хуурна.
⑤ Шөлөндөө нунтаг дилгэ хийж хуурсаны дараа давсаар амтлана.

미역줄기 볶음

炒裙带菜
ワカメの茎炒め
Dây rong biển xào (Mi iệc chul ki bộc kưm)
Далайн байцааны иштэй хуурга

❊❊❊❊ **재료**

미역줄기 300g, 대파 1뿌리, 풋고추 2개, 붉은 고추 1개, 다진 마늘1T, 깨소금1T, 참기름 1T, 식용유 조금

❊❊❊❊ **조리방법**

① 미역줄기는 씻어 물에 30분 정도 담가 짠맛을 뺀다.

② 물기를 뺀 후 먹기 좋은 길이로 썬다.

③ 대파는 어슷하게 썰고 풋고추와 붉은 고추는 반 가른 후 씨를 털어 내고 어슷하게 채를 썬다.

④ 팬에 기름을 두른 후 다진 마늘을 넣고 볶아 마늘 향을 낸다.

⑤ ④에 잘라 놓은 미역줄기를 넣고 볶다가 대파, 풋고추, 붉은 고추를 넣고 조금 더 볶은 후 깨소금과 참기름 을 넣는다.

❀❀❀❀ 材料

裙带菜茎 300g，大葱 1根，青辣椒 2个，红辣椒 1个，蒜末 1汤匙，芝麻盐 1汤匙，香油 1汤匙，食用油 少许

❀❀❀❀ 料理方法

① 把裙带菜洗干净，泡在水里30分左右，除去咸味。
② 除去水分后，切成合适大小。
③ 大葱均匀切好，再把青、红辣椒切开，除去辣椒籽，然后再均匀切丝。
④ 锅里倒好油，把蒜末放入锅里炒出蒜味。
⑤ 把切好的裙带菜放进④里炒一下，再放入大葱、青红辣椒炒以后，加入芝麻盐和香油即可。

❀❀❀❀ 材料

わかめの茎　300g、長ねぎ 1本、青唐辛子 2個、紅唐辛子 1個、ニンニクのみじん切り 1T、ごま塩 1T、胡麻油 1T、食用油少量

❀❀❀❀ 料理方法(レシピ)

① わかめの茎は洗って水に 30分位浸して塩抜きをする。
② 水気を切った後食べやすい長さに切る。
③ 長ねぎは斜めに切り青唐辛子と赤い唐辛子は半分に切った後種を除いて斜めに千切りにする。
④ フライパンに油をひいてニンニクのみじん切りを入れてにんにくの香りがしてくるまでいためる。
⑤ ④に切っておいたわかめの茎を入れて炒め、長ねぎ、青唐辛子、赤い唐辛子を入れ、更に少し後でごま塩胡麻油を入れていためる。

❀❀❀❀ Nguyên liệu

300g dây rong biển, 1 phần thân trắng hành lá to daepa (đê pha), 2 quả ớt xanh, 1 quả ớt đỏ, 1 thìa tỏi băm, 1 thìa vừng rang muối, 1 thìa dầu vừng (trăm ki rưm), một chút dầu ăn

❀❀❀❀ Cách làm

① Dây rong biển rửa sạch, ngâm vào nước khoảng 30 phút để hết vị mặn.
② Sau khi để ráo nước, cắt dây rong biển thành đoạn vừa ăn.
③ Hành lá thái lát, ớt xanh và ớt đỏ cắt làm đôi rồi bỏ hết hạt, thái chỉ.
④ Sau k hi cho dầu ăn vào chảo thì cho tỏi băm vào phi lên đến khi tỏi chín thơm lên.
⑤ Cho dây rong biển đã thái sẵn vào ④ rồi xào lên, sau đó cho hành lá, ớt xanh, ớt đỏ vào xào lên tiếp rồi cho vừng rang muối, dầu vừng vào và đảo đều lên là được.

❀❀❀❀ Орц

Далайн байцааны иш 300гр, ногоон сонгино 1 ширхэг, дутуу боловсорсон чинжүү 2 ширхэг, улаан чинжүү 1 ширхэг, татсан сармис 1 хоолны халбага, гүнжидийн үр 1 хоолны халбага, гүнжидийн тос 1 хоолны халбага, ургамлын тос бага зэрэг

❀❀❀❀ Хоол хийх арга

① Далайн байцааны ишээ сайтар угааж 30 минут усанд байлгана.
② Усаа шүүсний дараа тохирох хэмжээгээр хэрчинэ.
③ Ногоон сонгиноо ташуу хэрчинэ. Улаан ногоон чинжүүг дундуур нь хэрчээд үрийг нь цэвэрлээд ташуу нарийн хэрчинэ.
④ Хайруулын тавгаа тослоод татсан сармисаа хуурна.
⑤ Сармисан дээрээ далайн байцааны ишээ хийж хуураад ногоон сонгино, улаан ногоон чинжүүгээ хийж хуурна. Эцэст нь гүнжидийн үр, гүнжидийн тослр амтална.

삼계탕

参鸡汤
サムゲタン
Gà hầm sâm (Săm kiê thăng)
Самгэтан

※※※※ **재료**

영계 1마리, 찹쌀 1/4컵, 수삼 2뿌리, 황기 30g, 밤·대추 5알씩, 통마늘 5쪽, 대파 1/4뿌리, 물 1ℓ, 소금, 후추 조금

※※※※ **조리방법**

① 닭은 깨끗이 씻어서 준비한다.
② 찹쌀은 씻어서 물에 1시간 이상 불린 다음 체에 밭쳐 물기를 뺀다.
③ 수삼은 머리 부분을 잘라내고 밤은 깎고 대추는 씨를 빼낸다.
④ 닭의 뱃속에 찹쌀과 밤, 대추, 마늘을 넣는다.
⑤ 이쑤시개로 닭의 밑 부분을 여미고 양다리를 교차시켜 무명실로 묶는다.
⑥ 깊은 냄비에 ④와 나머지 재료를 넣은 뒤 물을 붓고 중불에 40분 정도 끓인 다음 그릇에 담아 잘게 썬 대파와 소금, 후추를 곁들인다.

❀❀❀❀ 材料

嫩小鸡 1只，糯米 1/4杯，生参 2根，黄芪 30g，大枣 5颗，蒜瓣 5瓣，大葱 1/4根，水 1L，盐，胡椒粉 少许

❀❀❀❀ 料理方法

① 把鸡肉洗干净。
② 把糯米泡在水中，大概1小时以上，然后除去水分。
③ 把生参的头去掉，把栗子皮扒好，大枣去籽。
④ 把糯米、栗子、大枣和大蒜放进鸡肚子里。
⑤ 用牙签把鸡肚子部分固定好，把腿交叉，用棉线绑好。
⑥ 在比较深的锅里把④和其他材料放进去后，倒水，用中火煮40分钟左右，然后盛在容易里，
把切好的葱花、盐和胡椒粉一起端上来即可。

❀❀❀❀ 材料

若鶏 1羽、もち米 1/4カップ、高麗人参 2本、キバナオギ(ファンギ) 30g、栗・ナツメ 5個ずつ、ニンニク 5個、
長ねぎ 1/4 本、水 1ℓ、塩、胡椒少量

❀❀❀❀ 料理方法(レシピ)

① トリはきれいに洗う。
② もち米は洗って水に1時間以上浸した後ざるにあげて水気を切る。
③ 高麗人参は先端部分を切り捨て栗は殻をとり、ナツメは種を除く。
④ トリの腹の中に、もち米と栗、ナツメ、ニンニクを入れる。
⑤ 楊枝で下部分をとめて足を交差させて木綿糸で縛る。
⑥ 深い鍋に ④と残りの材料を入れた後水を注いで中火で 40分位煮た後器に盛って刻んだ長ねぎと塩、胡椒を添える。

❀❀❀❀ Nguyên liệu

1 con gà non, 1/4 cốc gạo nếp, 2 rễ sâm, 30g hoàng kì (hoang ki), 5 hạt dẻ và 5 hạt táo tàu khô (đê tru),
5 tép tỏi, 1/4 phần thân trắng hành lá to daepa (đê pha), 1 lít nước, 1 chút muối và hạt tiêu

❀❀❀❀ Cách làm

① Gà rửa sạch chuẩn bị sẵn.
② Gạo nếp vo lên rồi ngâm trong nước khoảng 1 tiếng rồi vớt ra để ráo nước.
③ Sâm cắt bỏ phần đầu, gọt vỏ hạt dẻ, bỏ hạt táo tàu khô.
④ Cho gạo nếp, hạt dẻ, táo tàu khô và tỏi vào bụng gà.
⑤ Dùng tăm vá phần bụng lại, vắt chéo 2 chân gà rồi dùng chỉ buộc chặt lại.
⑥ Cho ④ và các nguyên liệu còn lại vào nồi sâu, đổ nước vào rồi đun khoảng 40 phút bằng lửa vừa, sau đó cho
ra bát rồi ăn cùng với hành lá đã thái và muối, hạt tiêu .

❀❀❀❀ Орц

Жижиг тахиа 1 ширхэг, наанги будаа 1/4 аяга, хүн орхойдоо 2 ширхэг, хуанги 30гр, туулайн бөөр 5 ширхэг, улаан
чавга 5 ширхэг, сармис 5 ширхэг, ногоон сонгино 1/4 ширхэг, ус 1 литр, давс перец бага зэрэг

❀❀❀❀ Хоол хийх арга

① Тахиагаа сайтар угааж бэлдэнэ.
② Наанги будаагаа 1 цаг орчим усанд байлгасны дараа усыг сойно.
③ Хүн орхойдоон дээд хэсгийг тасдаж туулайн бөөрийг хальслан улаан чавганы үрийг цэвэрлэнэ.
④ Тахианы гэдсэнд наанги будаа, туулайн бөөр, улаан чавга, сармисаа хийнэ.
⑤ Шүдний чигчлүүрээр тахианы гэдсийг боож 2 хөлийг нь солбиж бооно.
⑥ Том тогоонд бэлдсэн тахиагаа хийж 40 минут орчим битүү чанана. Таваглаад хэрчсэн ногоон сонгино, перец
давстай хамт гаргана.

새우 마늘종 볶음

虾炒蒜薹
海老とにんにくの茎の炒め物
Tôm rim dây tỏi (Se u ma nul chông bộc kưm)
Сэу манылжун бугым (Сармисны гол сам хорхойтой хуурга)

❀ ❀ ❀ ❀ **재료**

마늘종 1단, 마른 새우 100g, 식용유, 소금, 깨 조금
조림양념: 진간장 2~3T, 물엿 3T, 굴 소스 1T

❀ ❀ ❀ ❀ **조리방법**

① 마늘종은 4cm로 썰어 씻은 후 물기를 빼준다.
② 팬에 식용유를 두른 후 마늘종을 넣고 볶다가 소금을 넣고, 마늘종이 익으면 마른 새우를 넣고 볶아준다.
　 잠시 불을 끄고 조림양념을 넣는다.
③ 다시 불을 켜고 볶아준 후 통깨를 뿌려준다.

❀❀❀❀ 材料

蒜薹 1捆儿，小干虾 100g，食用油，盐，芝麻盐
调料：浓酱油　2~3汤匙，糖稀 3汤匙，牡蛎沙司 1汤勺

❀❀❀❀ 料理方法

① 蒜薹洗好，切成4cm的小段，然后晾干水分。
② 在炒锅里放入食用油后，放入蒜薹和盐进行翻炒。蒜薹炒熟后，放小干虾再炒。炒一会儿，
　　再加入调料。
③ 再开火炒后，放入芝麻即完成。

❀❀❀❀ 材料

にんにくの茎 1束、干し海老 100g、食用油、塩、ごま少量
調味料：濃い口醤油 2～3T、水飴 3T、オイスターソース 1T

❀❀❀❀ 料理方法(レシピ)

① にんにくの茎は 4cmに切って洗った後水気を切る。
② フライパンに食用油をひいて塩と一緒ににんにくの茎を炒める。にんにくの茎に火が通ったら、干
　　し海老を入れて炒める。しばらくして火を消して調味料をいれる。
③ また火をつけ炒めごまを振る。

❀❀❀❀ Nguyên liệu

1 bó dây tỏi, 100g tôm khô, dầu ăn, muối, một chút vừng rang muối
Gia vị rim: 2~3 thìa xì dầu, 3 thìa đường cô (mul iệt), 1 thìa sốt sò huyết (gul sốt sư)

❀❀❀❀ Cách làm

① Dây tỏi thái đợn dài 4cm rồi rửa sạch, sau đó để ráo nước.
② Cho dầu ăn vào chảo, xào dây tỏi lên rồi cho muối vào, khi dây tỏi đã chín thì cho tôm khô vào rang
　　lên. Tắt bếp rồi cho gia vị rim vào.
③ Bật bếp rồi rim tiếp sau đó rắc vừng lên là được.

❀❀❀❀ Орц

сармисны гол 1 багц, хатаасан сам хорхой 100гр, ургамлын тос, давс, үр бага зэрэг
Амтлагч : Удаан дарсан цуу 2-3 x/x, сахарны ёд 3x/x, зөгийн балны соус 1x/x

❀❀❀❀ Хоол хийх арга

① Сармисны голыг 4 см-н урттай хэрчиж угаасны дараа усыг нь шүүнэ.
② Хайруулын тавганд сармисны голоо давсаар амталж шараад болсны дараа сам хорхойгоо хийж шарна.
　　Галаа унтраагаад амтлагёаа хийнэ.
③ Дахин галаа асааж хуурсны дараа үрээ цацна.

순두부찌개

水豆腐汤
スントゥブチゲ
Canh tào phở (Sun đu bu chi ke)
Сүндуфү жигэ (Сүндуфүтэй шɵл)

❀❀❀❀ **재료**

순두부 1봉지, 바지락 50g, 다진 대파 1T, 새우젓 1T, 계란 1개, 물 1컵, 붉은 고추 1/2개, 풋고추 1개, 소금 조금
양념: 돼지고기 50g, 식용유 1T, 다진 마늘 1T, 고춧가루 3T, 생강즙 1/2t

❀❀❀❀ **조리방법**

① 바지락은 물에 여러 번 씻고 소금물에 담가 놓는다.
② 냄비에 식용유를 두르고 돼지고기를 볶다가 다진 마늘, 생강즙, 고춧가루를 넣고 볶는다.
③ ②에 바지락과 물을 부어 끓으면 순두부를 넣는다.
④ ③이 끓으면 붉은 고추와 풋고추, 다진 파를 넣고 새우젓, 소금으로 간을 맞춘다.
⑤ 순두부 위에 계란을 살며시 넣는다.

❀ ❀ ❀ ❀ **材料**

水豆腐 1包，黄蚬 50g，葱花 1汤匙，虾酱 1汤匙，鸡蛋 1个，水 1杯，红辣椒 1/2个，青辣椒 1个，盐 少许
调料：猪肉 50g，食用油 1汤匙，蒜末 1汤匙，辣椒粉 3汤匙，生姜汁 1/2汤匙

❀ ❀ ❀ ❀ **料理方法**

① 把黄蚬放在水里多洗几遍，泡在盐水里。
② 锅里倒入食用油，然后炒猪肉，放入蒜末、生姜汁和辣椒粉一起炒。
③ 在②中放入黄蚬和水，煮一会儿，再放入水豆腐。
④ ③开锅后，放入青、红辣椒和葱花，然后用虾酱和盐调味儿。
⑤ 在水豆腐上撒上蛋花即可。

❀ ❀ ❀ ❀ **材料**

スンドゥブ 1袋、アサリ 50g、刻んだ長ねぎ 1T、あみの塩辛 1T、卵 1個、水 1カップ、紅唐辛子 1/2個、青唐辛子 1個、塩少量
味付け用調味料：豚肉 50g、食用油 1T、ニンニクのみじん切り 1T、唐辛子の粉 3T、生姜汁 1/2t

❀ ❀ ❀ ❀ **料理方法(レシピ)**

① アサリは水で何回か洗って塩水に浸しておく。
② 鍋に食用油をひいてニンニクのみじん切り、生姜汁、唐辛子粉を入れて豚肉を炒める。
③ ②にアサリと水を注いで煮えたらスンドゥブを入れる。
④ ③が煮えたら赤唐辛子と青唐辛子、ねぎのみじん切りを入れてあみの塩辛、塩で味をととのえる。
⑤ スンドゥブの上に卵をそっと入れる。

❀ ❀ ❀ ❀ **Nguyên liệu**

1 gói tào phớ (sun đu bu), 50g hến (ba chi rắc), 1 thìa hành băm, 1 thìa mắm tôm (se u chợt), 1 quả trứng, 1 cốc nước, 1/ 2 quả ớt đỏ, 1 quả ớt xanh, 1 chút muối
Gia vị: 50g thịt lợn, 1 thìa dầu ăn, 1 thìa tỏi băm, 3 thìa ớt bột, 1/2 thìa nước gừng ép

❀ ❀ ❀ ❀ **Cách làm**

① Hến rửa nhiều lần bằng nước rồi ngâm vào nước muối.
② Cho dầu ăn vào nồi, cho thịt vào đảo qua rồi cho tỏi băm, nước gừng ép, ớt bột vào xào lên.
③ Cho hến vào nước vào ②, đun sôi lên thì cho tào phớ vào.
④ ③ sôi lên thì cho ớt đỏ, ớt xanh, hành băm vào rồi nêm vừa vị bằng mắm tôm và muối.
⑤ Cho trứng nhẹ nhàng lên trên tào phớ.

❀ ❀ ❀ ❀ **Орц**

Сүн дуфу 1 уут, бажираг хясаа 50гр, хэрчсэн сонгино 1 хоолны халбага, сам хорхойн жод 1 хоолны халбага, өндөг 1 ширхэг, ус 1 аяга, улаан чинжүү 1/2 ширхэг, дүтуу боловсорсон чинжүү 1 ширхэг, давс бага зэрэг
Амтлагч: Гахайн мах 50гр, ургамлын тос 1 хоолны халбага, татсан сармис 1 хоолны халбага, нунтаг чинжүү 3 хоолны халбага, цагаан гааны шүүс 1/2 цайны халбага

❀ ❀ ❀ ❀ **Хоол хийх арга**

① Бажираг хясааг сайтар зайлсны дараа давстай усанд хийж тавина.
② Тогоонд тосоо хийж халаасны дараа махаа хууран татсан сармис, цагаан гааны шүүс, нунтаг чинжүү дээр нь хийж сайтар хуурна.
③ 2 дээрээ бажираг хясаа усаа хийж буцалсны дараа сүн дуфүгээ хийнэ.
④ Буцалсан шөлөндөө улаан ногоон чинжүү, хэрчсэн сонгиноо хийн сам хорхойн жод давсаар амтална.
⑤ Сүн дуфу дээрээ өндөг чанаж тавина.

열무김치

小萝卜泡菜
大根の若菜のキムチ
Kimchi dưa (Yơl mu kimchi)
Ёлмү кимчи (Цагаан манжингийн кимчи)

❁ ❁ ❁ ❁ 재료

열무 1단, 굵은 소금 1/2컵
김치 양념: 고춧가루 1/2~1컵, 멸치액젓 1/2컵, 쪽파 10뿌리, 다진 마늘 1/2컵, 다진 생강 1T, 설탕 1/2T, 소금 조금,
　　　　 찹쌀 풀(찹쌀가루 1T, 물 1/2컵)

❁ ❁ ❁ ❁ 조리방법

① 열무는 연한 것으로 골라 5cm 정도로 잘라 놓는다.
② 열무에 굵은 소금을 뿌리고 물을 촉촉하게 끼얹어 20~30분 절인다.
③ 열무가 숨이 죽으면 2~3번 흔들어 물기를 뺀다.
④ 쪽파는 4~5cm 길이로 썬다.
⑤ 찹쌀풀을 만들어 식힌 후에 고춧가루를 미리 넣어둔다.
⑥ ⑤에 쪽파, 다진 마늘, 다진 생강, 멸치액젓, 설탕, 소금을 넣고 고루 섞는다.
⑦ ⑥의 양념에 절인 열무를 넣고 살살 버무려 통에 눌러 담는다.

❋ ❋ ❋ ❋ 材料

小萝卜 1捆，粒盐 1/2杯
泡菜调料：辣椒粉 1/2~1杯，鳀鱼(小银鱼) 酱 1/2杯，小葱 10根，蒜末1/2杯，生姜末 1汤匙，糖 1/2汤匙，盐 少许，
　　　　 糯米糊 (糯米粉 1汤匙，水1/2杯)

❋ ❋ ❋ ❋ 料理方法

① 选择比较嫩的小萝卜，按5cm长短切好。
② 在小萝卜上撒上盐，再用水弄湿，腌制大概20~30分钟。
③ 萝卜腌透后，用水冲洗干净，然后除去水分。
④ 把小葱按4~5cm长短切好。
⑤ 准备好糯米糊，先把辣椒粉放进去。
⑥ 在⑤中放入小葱、蒜末、生姜、鳀鱼酱，糖和盐，搅拌均匀。
⑦ 把小萝卜放在⑥中，稍微搅拌一下儿，然后装进泡菜盒子里即完成。

❋ ❋ ❋ ❋ 材料

大根の若菜 1束、あら塩 1/2カップ
味付け用調味料：唐辛子粉 1/2~1カップ、イワシエキス 1/2カップ、わけぎ 10本、ニンニクのみじん切り 1/2カップ、生姜の
　　　　 みじん切り 1T、砂糖 1/2T、塩少量、もち米のり(もち米粉 1T、水 1/2コップ)

❋ ❋ ❋ ❋ 料理方法(レシピ)

① 大根の若菜は色がきれいなところを選んで5cm程度の長さに切っておく。
② 大根菜にあら塩を振りしっとりとなるよう振り水をし、20〜30分そのままにしておく。
③ 大根菜を塩もみをし 2~3回振り洗って水気を切る。
④ わけぎは4~5cmの長さに切る。
⑤ もち米ののりを作って冷やした後唐辛子の粉をあらかじめ入れて置く。
⑥ ⑤にわけぎ、ニンニクのみじん切り・生姜、イワシエキス、砂糖、塩を入れてよく混ぜる。
⑦ ⑥の調味料に塩でつけておいた大根菜を入れてよく混ぜ器に盛り付ける。

❋ ❋ ❋ ❋ Nguyên liệu

1 bó dưa (Yơl mu), 1/2 cốc muối hạt
Gia vị làm kimchi: 1/2~1 cốc ớt bột, 1/2 cốc nước mắm cá cơm (miêl tri ách chợt), 10 phần đuôi trắng hành lá nhỏ chokpa (chốc
　　　　 pha), 1/2 cốc tỏi băm, 1 thì gừng băm, 1/2 thìa đường, một chút muối tinh, hồ quấy bằng bột gạo nếp (1 thìa
　　　　 bột gạo nếp, 1/2 cốc nước)

❋ ❋ ❋ ❋ Cách làm

① Dưa (yơl mu) chọn loại mềm rồi thái đoạn dài khoảng 5cm.
② Rắc muối hạt lên dưa, rưới nước để dưa hơi ngấm nước rồi ngâm khoảng 20~30phút.
③ Khi dưa mềm oặt xuống thì rửa sạch khoảng 2~3 lần rồi để ráo nước.
④ Hành lá nhỏ thái đoạn dài khoảng 4~5cm.
⑤ Quấy hồ bột gạo nếp lên rồi để nguội, cho ớt bột vào hồ sẵn.
⑥ Cho hành lá, tỏi, gừng băm, nước mắm cá cơm, đường và muối vào rồi trộn đều lên.
⑦ Cho dưa đã ngâm mềm ở ⑥ vào rồi đảo nhẹ nhàng lên rồi cho vào thùng muối.

❋ ❋ ❋ ❋ Орц

Цагаан манжин 1 багц, том давс 1/2аяга
Амтлагч: Нунтаг чинжүү 1/2-1 аяга, мёлчи загасны жод 1/2 аяга, таримал ногоон сонгино 10ш, татсан сармис 1/2 аяга, татсан
　　　　 цагаан гаа 1 х/х, элёэн чихэр 1/2 х/х, давс бага зэрэг, жанхуу (нунтаг наанги будаа 1х/х, 1/2 аяга)

❋ ❋ ❋ ❋ Хоол хийх арга

① Цагаан манжингийн зөөлөн хэсгийг сонгож 5 см-н урттай хэрчинэ.
② Цагаан манжин дээрээ давсаа цацаад 20-30 минут байлгана.
③ Давсалсан цагаан манжингаа 2-3 удаа усаар зайлна.
④ Таримал ногоон сонгиноо 4-5 см-н урттай хэрчинэ.
⑤ Жанхуугаа хийж хөргөснйи дараа нунтаг чинжүүгээ хийнэ.
⑥ ⑤д таримал ногоон сонгино, татсан сармис, цагаан гаа, мёлчи загасны жод, элсэн чихэр, давсаа хийж хутгана.
⑦ ⑥н амтлагчинд цагаан манжингаа хийж холиод савлана.

오이생채

黄瓜拌菜
きゅうりのセンチェ
Dưa chuột trộn (Ô y seng tre)
Уи сэнчэ (Өргөст хэмхний шанцай)

❀❀❀❀ **재료**

오이 1개, 굵은 소금 1T, 소금 조금
양념: 고춧가루 1T, 다진 파 1T, 다진 마늘 1T, 설탕 1t, 식초 1/2T

❀❀❀❀ **조리방법**

① 오이는 굵은 소금으로 문질러 씻은 뒤 반으로 갈라 어슷하게 썬다.
② ①에 소금을 뿌려서 살짝 절인 후 물기를 꼭 짠다.
③ 양념장을 만든다.
④ ②에 ③을 넣고 버무린다.

❀❀❀❀ 材料

黄瓜 1个，粒盐 1汤匙，盐 少许

调料：辣椒粉 1汤匙，葱花 1汤匙，蒜末 1汤匙，糖 1汤匙，醋 1/2汤匙

❀❀❀❀ 料理方法

① 用粒盐把黄瓜弄干净，切半，均匀切好。

② 在①中再撒上盐，腌制后，挤出水分。

③ 做好调味料。

④ 在②中加入③后，凉拌即可。

❀❀❀❀ 材料

きゅうり 1個、あら塩 1T、塩少量

たれ：唐辛子の粉 1T、ねぎのみじん切り 1T、ニンニクのみじん切り 1T、砂糖 1t、酢 1/2T

❀❀❀❀ 料理方法(レシピ)

① きゅうりはあら塩でもんで洗った後半分に切って斜めに切る。

② ①に塩を振りさっと漬けた後水気をぎゅっと絞る。

③ たれを作る。

④ ②に ③を入れて和える。

❀❀❀❀ Nguyên liệu

1 quả dưa chuột, 1 thìa muối hạt, một chút muối tinh

Gia vị: 1 thìa ớt bột, 1 thìa tỏi băm, 1 thìa hành băm, 1 thìa đường, 1/2 thìa dấm

❀❀❀❀ Cách làm

① Dưa chuột rắc muối hạt lên vỏ rồi bóp muối, sau đó bổ đôi ra rồi thái lát.

② Rắc muối vào ① rồi ướp qua sau đó vắt kiệt nước.

③ Làm gia vị trộn.

④ Cho ③ vào ② rồi trộn đều lên.

❀❀❀❀ Орц

Өргөст хэмх 1 ширхэг, том давс 1 хоолны халбага, давс бага зэрэг

Амтлагч: Нунтаг чинжүү 1 хоолны халбага, хэрчсэн ногоон сонгино 1 хоолны халбага, элсэн чихэр 1 цайны халбага, цагаан цуу 1/2 хоолны халбага

❀❀❀❀ Хоол хийх арга

① Өргөст хэмхийг том давсанд үрж угаасны дараа дундуур нь хувааж ташуу хэрчинэ.

② Өргөст хэмхийг давсалж шүүсийг шахна.

③ Амтлагчыг бэлдэнэ.

④ Өргөст хэмх амтлагч 2оо холино.

우엉잡채

牛蒡杂菜
ゴボウチャプチェ
Ueong trộn (U ơng chap tre)
Ұон чабжэ (Пүнзүүтэй ұон)

❋ ❋ ❋ ❋ **재료**

우엉 500g(채 썬 것), 피망 1개, 붉은 피망 1개, 양파 1/2개, 식초 1T, 식용유 조금
조림양념: 진간장 1/2컵, 맛술 1/4컵, 설탕2/3T, 물엿 1T, 물 3컵
잡채양념: 생강즙 1t, 참기름 2T, 통깨 1T

❋ ❋ ❋ ❋ **조리방법**

① 우엉은 껍질을 벗긴 후, 채 썰어 물에 바로 담근다.
② 끓는 물에 식초 1T를 넣고 채 썬 우엉을 익을 정도로 데친 뒤 찬물에 헹궈 물기를 뺀다.
③ 바닥이 두꺼운 냄비에 조림 양념과 데친 우엉을 넣고 센 불에 조린다. 처음에는 뚜껑을 덮고, 색이 배면 뚜껑을 열고 조린다.
④ 피망과 붉은 피망, 양파를 같은 굵기로 채 썬다.
⑤ 팬에 식용유를 두르고 ④를 센 불에 재빨리 볶아 식힌다.
⑥ ③에 볶은 야채와 잡채 양념을 넣고 버무린다.
Tip 우엉은 조리는 데 시간이 걸리므로 미리 조려 놓는다.

❋❋❋❋ 材料

牛蒡 500g (丝)，柿子椒 1个，红柿子椒 1个，洋葱 1/2个，醋 1汤匙，食用油 少许
调料：浓酱油 1/2杯，料酒 1/4杯，糖 2/3汤匙，糖稀 1汤匙，水 3杯。
杂菜调料：生姜汁 1汤匙，香油 2汤匙，芝麻 1汤匙

❋❋❋❋ 料理方法

① 把牛蒡切丝后直接泡在水里。
② 煮开的水里，加入1汤匙醋，牛蒡丝差不多熟了的时候，把牛蒡丝捞出来，用冷水冲洗然后除掉水分。
③ 锅底比较厚的锅里，加入调料和焯好的牛蒡丝，用大火炖。先盖上锅盖，等颜色浸入后，打开锅盖继续炖。
④ 把青、红柿子椒，洋葱切成粗丝。
⑤ 在炒锅里加油，用大火把④快速翻炒后，冷却。
⑥ 在③炒的蔬菜中，加入杂菜调料，凉拌一下儿即可。
Tip 炖牛蒡需要的时间比较长，所以应该提前炖好做准备。

❋❋❋❋ 材料

ゴボウ 500g(千切り用)、ピーマン 1個、赤いピーマン 1個、玉ねぎ 1/2個、酢 1T、食用油少量
煮つけ用調味料：濃い口醤油 1/2カップ、料理酒 1/4カップ、砂糖2/3T、水飴 1T、水 3カップ
チャプチェ味付け用調味料：生姜汁 1t、胡麻油 2T、ごま 1T

❋❋❋❋ 料理方法(レシピ)

① ゴボウは皮をむいた後千切りにして水にすぐつける。
② 沸騰している湯に酢 1Tを入れて千切りにしたゴボウをゆで冷水にさらし水気を切る。
③ 底が厚い鍋に煮付け用調味料とゴボウを入れて強火にかける。初めにはふたをして、色がついてきたらふたをとって煮る。
④ ピーマンと赤いピーマン、玉ねぎを同じ太さに千切りにする。
⑤ フライパンに食用油をひいて ④を強火で素早く炒めく冷ます。
⑥ ③に炒めた野菜とチャプチェ用調味料をいれ混ぜ合わせる。
Tip ゴボウは調理するのに時間がかかるのであらかじめ煮ておく。

❋❋❋❋ Nguyên liệu

500g ueong (u ơng) (loại thái chỉ sẵn), 1 quả ớt xanh to (phi mang), 1 quả ớt đỏ to (bul kưn phi mang), 1/2 củ hành tây, 1 thìa dấm, một chút dầu ăn
Gia vị rim: 1/2 thìa xì dầu, 1/4 thìa rượu tạo vị ngon (mạt sul), 2/3 thìa đường, 1 thìa đường cô (mul iệt), 3 thìa nước
Gia vị trộn: 1 thìa nước ép gừng, , 2 thìa dầu vừng (trăm ki rưm), 1 thìa vừng

❋❋❋❋ Cách làm

① Ueong lột vỏ, thái chỉ rồi ngâm ngay vào nước.
② Nước đun sôi lên rồi cho 1 thìa dấm vào, trần ueong vào nước sôi đến khi ueoeng chín hẳn rồi vớt ra tráng nước lạnh và để ráo nước.
③ Cho gia vị rim và ueoeng đã trần vào nồi có đáy dầy rồi rim bằng lửa to. Lúc đầu đóng nắp vung rim nhưng khi gia vị rim đã ngấm vào ueong thì mở vung rim cạn nước.
④ Ớt xanh to, ớt đỏ to và hành tây thái lát có độ dầy bằng nhau.
⑤ Cho dầu ăn vào chảo rồi nhanh chóng xào ④ chín sau đó để nguội.
⑥ Cho rau củ đã xào vào ③ rồi cho gia vị trộn vào cùng và trộn đều lên là được.
Tip Ueong rim hơi tốn thời gian nên ta nên rim ueoeng sẵn.

❋❋❋❋ Орц

Нарийн хэрчсэн уон 500гр, амтат чинжүү 1 ширхэг, улаан амтат чинжүү 1 ширхэг, сонгино 1/2 ширхэг, цагаан цуу 1 хоолны халбага, ургамлын тос бага зэрэг
Журим амтлагч: удаан дарсан цуу 1/2 аяга, хүнсний зориулалттай архи 1/4 аяга, элсэн чихэр 2/3 хоолны халбага, сахарны ёд 1 хоолны халбага, ус 3 аяга
Пүнтүүзний амтлагч: цагаан гааны шүүс 1 цайны халбага, гүнжидийн тос 2 хоолны халбага, гүнжидийн үр 1 хоолны халбага

❋❋❋❋ Хоол хийх арга

① Уоныг нарийн хэрчиж усанд хийж тавина.
② Буцалсан усанд цагаан цуу хийж уоноо чанана. Болсон уоноо хүйтэн усанд сойно.
③ Тогоонд журим амтлагч уоноо хийж хүчтэй галаар буцалгана.
④ Улаан ногоон амтат чинжүү сонгиноо бүдүүн хэрчинэ.
⑤ Хайруулын тавгаа тосолж ногоогоо хууруад хөргөнө.
⑥ Уон ногоо пүнтүүзээ холиод хутгана.
Tip уон –оо урьдчилж хуурч тавина.

잣죽

松子粥
松の実の粥
Cháo hạt jat (Chạt chục)
Жад жүг (Самрын зутан)

❀❀❀❀ **재료**

잣 1컵, 쌀 1컵, 물 5컵, 소금 1t

❀❀❀❀ **조리방법**

① 쌀은 물에 담가 불렸다가 믹서에 물 3컵을 넣고 간다.
② 잣은 고깔을 떼고 마른 행주로 비벼 닦은 후 믹서에 담아 물 2컵을 넣고 간다.
③ ①을 끓이다가 쌀알이 퍼지면 ②를 조금씩 부으면서 멍울이 지지 않게 골고루 저어가며 끓인다.
④ 쌀알과 잣이 부드럽게 퍼지면 약한 불에서 잠시 뜸을 들인 후 불을 끄고 소금으로 간을 한다.

❀❀❀❀ 材料

松子仁 1杯，大米 1杯，水 5杯，盐 1汤匙

❀❀❀❀ 料理方法

① 把米放在水里泡好，然后放入搅拌器，再加入3杯水，搅拌。
② 先把松子仁用干抹布擦干净后，放在搅拌机里，加2杯水，然后再搅拌。
③ ①煮的时候，米粒膨胀时，把②一点儿一点儿放进去，同时，一边搅拌一边煮，防止结块。
④ 米粒和松子仁都变软时，用小火暂时加热，焖一会，然后关火。加盐调味儿，即可。

❀❀❀❀ 材料

松の実 1カップ、米 1カップ、水 5カップ、塩 1t

❀❀❀❀ 料理方法(レシピ)

① 米は水に浸してから水からあげ水を3カップを入れてミキサーにかける。
② 松の実は皮をとって乾いた布巾でもんでふいた後水2カップと一緒にミキサーでなめらかにする。
③ ①をにている途中米粒が煮えたら②を少しずつ注固まらないようによくかき混ぜながら煮る。
④ 米粒と松の実が軟らかくなり火が通れば弱火でしばらく蒸らした後火を消して塩で味を調節する。

❀❀❀❀ Nguyên liệu

1 cốc hạt jat (chạt), 1 cốc gạo, 5 cốc nước, 1 thìa muối

❀❀❀❀ Cách làm

① Gạo ngâm vào nước cho mềm ra rồi cho vào máy xay cùng 3 cốc nước và xay lên.
② Hạt jat bỏ vỏ cứng, cho vào khăn khô rồi xoa đều lên để lau sạch vỏ mềm, sau đó cho vào máy xay cùng 2 cốc nước và xay đều lên.
③ Đun sôi ① lên, khi hạt gạo vỡ ra thì cho ② vào từ từ và khuấy đều lên để không bị dính bết lại.
④ Khi hạt gạo và jat đã chín mềm ra thì cho nhỏ lửa rồi đậy vung lại một chút , sau đó tắt lửa đi rồi cho muối vào làm vừa vị là được.

❀❀❀❀ Орц

Самар 1 аяга, будаа 1 аяга, ус 5 аяга, давс 1 цайны халбага

❀❀❀❀ Хоол хийх арга

① Будаагаа усанд хийж дэвтээсний дараа миксэрт 3 аяга ус хийж миксэрдэнэ.
② Сөмрөө хуурай алчуурт арчиж цэвэрлэсний дараа миксэрд 2 аяга ус хийж миксэрдэнэ.
③ Будаандаа самраа хийж зөөлөн гал дээр сайтар буцалгана.
④ Болсны дараа давсаар амталж хөргөнө.

해물겨자채

海鮮芥末菜
海産物とからしソース
Hải sản trộn nước sốt (He mul gyơ cha tre)
Хэмуль гёжэчэ (Гичтэй далайн бүтээгдэхүүн)

❄❄❄❄ **재료**

새우 100g, 오징어 1마리, 해파리 200g, 오이 1개, 양파 1/2개, 맛살 5개, 소금 조금
겨자소스: 연겨자 2T, 다진 마늘 1/2T, 식초 1T, 설탕 1T, 물 1T, 소금 조금

❄❄❄❄ **조리방법**

① 해파리는 뜨거운 물에 잠깐 담가 두었다가 건진다.
② 새우와 오징어를 끓는 물에 데친 후 새우는 껍질을 벗기고 오징어는 채 썬다.
③ 오이를 돌려 깎은 후 채를 썰고, 양파도 채를 썬다.
④ 맛살은 잘게 찢어놓는다.
⑤ 준비한 재료를 겨자 소스에 버무려 그릇에 담아낸다.

❀ ❀ ❀ ❀ 材料

材料虾 100g，鱿鱼 1条，海蜇皮 200g，黄瓜 1个，洋葱 1/2个，蟹肉棒 5个，盐 少许
调味料芥末 2汤匙，蒜末 1/2汤匙，醋 1汤匙，糖 1汤匙，水 1汤匙，盐，少许

❀ ❀ ❀ ❀ 料理方法

① 把海蜇皮放在热水里烫一下，然后捞出来。
② 把虾和鱿鱼放在开水中焯一下，然后把虾皮扒掉，把鱿鱼切丝。
③ 把黄瓜削皮后切丝，洋葱也切丝。
④ 把蟹肉棒撕成小条放上去。
⑤ 把准备好的芥末沙司盛出来，放在旁边，即完成。

❀ ❀ ❀ ❀ 材料

海老 100g、イカ 1匹、くらげ 200g、きゅうり 1個、たまねぎ 1/2個、マテ貝 5個、塩少量
ソース：からし 2T、ニンニクのみじん切り 1/2T、酢 1T、砂糖 1T、水 1T、塩少量

❀ ❀ ❀ ❀ 料理方法(レシピ)

① くらげは湯にちょっとつけてからすぐとりあげる。
② 海老とイカを沸騰している湯でゆで、その後海老は皮をむいてイカは千切リにする。
③ きゅうリは細く千切リにし、玉ねぎも千切リにする。
④ マテ貝は細く裂くように切る。
⑤ 準備した材料をからしソースに和えて器に盛りつける。

❀ ❀ ❀ ❀ Nguyên liệu

100g tôm, 1 con mực, 200g sứa (he pha ri), 2 củ dưa chuột, 1/2 củ hành tây, 5 miếng chả vị tôm (mạt sal), một chút muối
Nướt sốt gia vị: 2 thìa mù tạt (yên gyơ cha), 1/2 thìa tỏi băm, 1 thìa dấm, 1 thìa đường, 1 thìa nước, một chút muối

❀ ❀ ❀ ❀ Cách làm

① Sứa ngâm vào nước nóng một lát rồi vớt ra.
② Tôm và mực trần qua nước sôi rồi bóc vỏ tôm và thái chỉ mực.
③ Dưa chuột gọt xoay tròn bỏ vỏ rồi thái chỉ, hành tây cũng thái chỉ.
④ Miếng chả vị tôm (mạt sal) xé nhỏ .
⑤ Cho các nguyên liệu đã chuẩn bị sẵn vào nước sốt gia vị rồi trộn đều và bày ra đĩa.

❀ ❀ ❀ ❀ Орц

Сам хорхой 100гр, далайн арваалж 1 ширхэг, хэ пари 200гр, өргөст хэмх 1 ширхэг, сонгино 1/2 ширхэг, хавчны мах 5 ширхэг, давс бага зэрэг
Амтлагч : Гич 2 хоолны халбага, татсан сармис 1/2 хоолны халбага, цагаан цуу 1 хоолны халбага, элсэн чихэр 1 хоолны халбага, ус 1 хоолны халбага, давс бага зэрэг

❀ ❀ ❀ ❀ Хоол хийх арга

① Хэ париг халуун усанд хэсэг байлгаад уснаас сойно.
② Сам хорхой, далайн арваалжыг буцалсан усанд хальт болгосны дараа сам хорхойн хальсыг арилгаж далайн арваалжыг нөрийн хэрчинэ.
③ Өргөст хэмхээ хальсалж нарийн хэрчинэ. Сонгиноо бас нарийн хэрчинэ.
④ Хавчны махаа нарийн хэрчинэ.
⑤ Бэлдсэн ногоогоо гичинд холино.

호박전

西葫芦饼

ホバクジョン（かぼちゃジョン）

Bí non tẩm bột rán (Hô bác chòn)

Хубаг жон (Хулууны гамбир)

❋ ❋ ❋ ❋ 재료

애호박 1개, 밀가루 1/3컵, 계란 2개, 붉은 고추 1개, 식용유 조금
양념장: 진간장 1T, 식초 1t

❋ ❋ ❋ ❋ 조리방법

① 애호박을 5mm 두께로 썬다.
② ①에 밀가루를 묻힌다.
③ 계란을 풀어 소금을 조금 넣는다.
④ 붉은 고추를 다진다.
⑤ ②에 계란물을 묻혀 붉은 고추로 장식을 하여 프라이팬에 부친다.
⑥ 양념장을 만들어 함께 낸다.

❀❀❀❀ 材料

西葫芦 1个，面粉 1/3杯，鸡蛋 2个，红辣椒 1个，食用油 少许

调料：浓酱油 1汤匙，醋 1汤匙

❀❀❀❀ 料理方法

① 把西葫芦切成5mm厚的片。

② ①蘸上面粉。

③ 把鸡蛋打碎，少放一点盐。

④ 把红辣椒切碎。

⑤ 把②蘸上鸡蛋浆，再加点红辣椒做装饰，然后放进锅里煎。

⑥ 做好蘸酱料，蘸着吃即可。

❀❀❀❀ 材料

若い熟れていないかぼちゃ 1個、小麦粉 1/3カップ、卵 2個、紅唐辛子 1個、食用油少量

たれ：濃い口醤油 1T、酢 1t

❀❀❀❀ 料理方法(レシピ)

① かぼちゃを5mmの厚さに切る。

② ①に小麦粉をつける。

③ 卵を溶いて塩を少し入れる。

④ 赤い唐辛子を刻む。

⑤ ②に卵をつけて赤い唐辛子で飾りをして焼く。

⑥ たれを作ってジョンと一緒に出す。

❀❀❀❀ Nguyên liệu

1 quả bí non (e hô bác), 1/3 cốc bột mì, 2 quả trứng, 1 quả ớt đỏ, một chút dầu ăn

Nước chấm: 1 thìa xì dầu, 1 thìa dấm

❀❀❀❀ Cách làm

① Bí non thái lát có độ dầy khoảng 5mm.

② Nhúng ① vào bột mì.

③ Quấy trứng lên, cho một chút muối vào.

④ Băm ớt đỏ nhỏ ra.

⑤ Nhúng ② vào trứng đã quấy, chi sợi ớt đỏ trang trí lên trên rồi lám lên.

⑥ Làm nước chấm rồi bày cùng bí rán xong.

❀❀❀❀ Орц

Жижиг хулуу 1 ширхэг, гурил 1/3 аяга, өндөг 2 ширхэг, улаан чинжүү 1 ширхэг, ургамлын тос 1 ширхэг

Амтлагч: Удаан дарсан цуу 1 хоолны халбага, цагаан цуу 1 цайны халбага, гүнжидийн үр

❀❀❀❀ Хоол хийх арга

① Жижиг хулууг 5мм өргөнтэй хэрчинэ.

② Хулуугаа гуриланд эргүүлнэ.

③ Өндгөндөө давс хийж хутгана.

④ Улаан чинжүүг хэрчинэ.

⑤ Хулуугаа өндгөнд дүрж улаан чинжүүтэй хамт шарна.

⑥ Амтлагчаа бэлдээд хамт гаргана.

가을
秋天
秋
Mùa thu
Hamap

갈비찜

炖排骨
カルビチム
Sườn hầm (Kal bi chim)
Кальбижим (үхрийн хавирга)

❀ ❀ ❀ ❀ **재료**

소갈비 800g, 무 200g, 대추 3개, 밤 10개, 당근 1/2개, 양파 1/4개, 대파 1/2뿌리, 통마늘 6쪽, 통후추 조금
양념장: 갈비 삶은 국물 5컵, 진간장 6T, 배 즙 4T, 물엿 2T, 맛술 3T, 다진 생강 1/2T, 다진 마늘 1T, 참기름 1T, 후
　　　추 조금

❀ ❀ ❀ ❀ **조리방법**

① 갈비는 4시간 정도 물에 담가 핏물을 빼놓는다.
② 무, 당근은 잘라 모서리를 둥글게 깎아 놓는다.
③ 갈비는 양파, 대파, 마늘, 통후추를 넣은 후 약 20분 정도 끓이고, 식혀서 체에 걸러 놓는다.
④ 삶은 갈비와 무, 밤, 대추를 양념장과 함께 냄비에 넣고 뒤적이며 익힌다.

❀❀❀❀ 材料

牛排骨 800g，萝卜 200g，大枣 3个，栗子 10个，胡萝卜 1/2个，洋葱 1/4个，大葱 1/2根，大蒜 6瓣儿，胡椒 少许
调味酱：煮排骨汤 5杯，浓酱油 6汤匙，梨汁 4汤匙，糖稀 2汤匙，料酒 3汤匙，生姜末 1/2汤匙，蒜末 1汤匙，
香油 1汤匙，胡椒粉 少许

❀❀❀❀ 料理方法

① 把排骨泡在水里大概4小时，泡出杂质。
② 把萝卜和胡萝卜切开。把棱角切成圆的。
③ 把洋葱、大葱、蒜和胡椒放入排骨中，然后煮大概20分钟，凉后，放在筛子上，除掉水分。
④ 把煮好的排骨和萝卜、栗子、大枣、调味酱一起放入锅里，翻几下直至变熟即可。

❀❀❀❀ 材料

牛肉カルビ 800g、大根 200g、ナツメ 3個、栗 10個、にんじん 1/2個、玉ねぎ 1/4個、長ねぎ 1/2本、
ニンニク 6かけ、丸胡椒少量
たれ：カルビをゆでた残り汁 5カップ、濃い口醤油 6T、梨のジュース 4T、水飴 2T、料理酒 3T、
生姜のみじん切り 1/2T、ニンニクのみじん切り 1T、胡麻油 1T、胡椒少し

❀❀❀❀ 料理方法(レシピ)

① カルビは 4時間位水に浸して血抜きをする。
② 大根、にんじんは切って面取りをする。
③ カルビは玉ねぎ、長ねぎ、ニンニク、丸胡椒を入れた後約 20分位蒸し煮してさまして小さく切る。
④ 煮たカルビと大根、栗、ナツメをたれとともに鍋に入れて時々かき混ぜながら煮る。

❀❀❀❀ Nguyên liệu

800g sườn bò, 200g củ cải, 3 quả táo tầu khô, 10 hạt dẻ, 1/2 củ cà rốt, 1/4 củ hành tây, thân trắng hành lá nhỏ daepa (đê pha), 6 tép tỏi, một chút hạt tiêu hạt
Gia vị: 5 cốc nước luộc sườn, 6 thìa xì dầu, 4 thìa nước lê, 2 thìa đường cô (mul iệt), 3 thìa rượu tạo vị ngon (mạt sul), 1/2 thìa gừng băm, tỏi băm, 1 thìa dầu vừng (trăm ki rưm), một chút hạt tiêu

❀❀❀❀ Cách làm

① Sườn ngâm vào nước khoảng 4 tiếng rồi bỏ nước máu đi.
② Củ cải, cà rốt, thái miếng tròn.
③ Cho hành tây, hành, tỏi, hạt tiêu hạt vào sườn rồi đun khoảng 20 phút, để nguội rồi vớt ra.
④ Cho sườn luộc cùng củ cải, hạt dẻ, táo tàu, và gia vị vào nồi rồi đảo lên đun tới khi chín là được.

❀❀❀❀ Орц

үхрийн хавирга 800 гр, цагаан манжин 200 гр, улаан чавга 3ш, туулайн бөөр 10ш, лууван тал, бөөрөнхий сонгино 1/4, ногоон сонгино 1/2, сармис 6ш, перц бага зэрэг
Амтлагч: хавирга чанах ус 5 аяга, жинканжан 6 халбага, лийрний шүүс 4 халбага, мүлёд 2 халбага, сужү 3 халбага, нунтагласан цагаан гаа 1/2 халбага, нунтагласан сармис 1 халбага, чамкирим 1халбага, перц бага зэрэг

❀❀❀❀ Хоол хийх арга

① Хавиргаа 4 цаг орчим уасс сольж усанд сойно.
② Цагаан манжин луувагаа бөөрөнхий хэрчинэ.
③ Хавиргаа бөөрөнхий сонгино, ногоон сонгино, сармис, перц хийсний дараа 20минут буцалгаад хөргөж аваад шүүж авна.
④ Болгосон хавирга болон цагаан манжин, туулайн бөөр, улаан чавга амтлагчтайгаа холиод болгоно.

감자조림

炖土豆
ジャガイモの煮物
Khoai tây rim (Kam cha chô rim)
камжа журим (Төмсний хачир)

❀❀❀❀ **재료**

감자 중간크기 5개, 꽈리고추 20개, 통깨 1t, 다진 파 1t, 참기름 1t
조림양념: 진간장 6T, 맛술 3T, 다진 마늘 1T, 설탕 1/2T, 물엿 1T

❀❀❀❀ **조리방법**

① 감자는 껍질을 벗기고 큰 밤알만한 크기로 썰어 준비한다.
② 꽈리고추는 꼭지를 떼고 씻어 준비한다.
③ 냄비에 감자가 잠길 정도로 물을 부어 소금을 넣고 삶는다.
④ 감자가 반 정도 익으면 고추를 넣어 볶다가 조림양념을 넣고 중불로 감자를 익힌다.
⑤ 감자에 양념이 고루 배도록 뒤집어 주고, 국물이 졸면 다진 파와 참기름을 넣어 잘 섞는다.
⑥ 불을 끈 다음 통깨를 뿌린다.

❋❋❋❋ 材料

土豆 中等大小5个，青椒 20个，芝麻 1汤匙，葱花 1汤匙，香油 1汤匙
调料：浓酱油 6汤匙，料酒 3汤匙，蒜末 1汤匙，糖 1/2汤匙，糖稀 1汤匙

❋❋❋❋ 料理方法

① 土豆去皮，切成栗子大小。
② 除掉辣椒根，然后洗干净。
③ 往锅里加水，直到水没过土豆，然后加盐，煮一下儿。
④ 土豆差不多半熟时，放入辣椒炒一下，然后加入调味料，用中火炒熟。
⑤ 翻炒几下，以便调料均匀浸入土豆。汤减少时放入葱花和香油，搅拌均匀。
⑥ 关火后，撒上芝麻即完成。

❋❋❋❋ 材料

中位の大きさのじゃがいも　5個、カリ唐辛子 20個、ごま 1t、ねぎのみじん切リ 1t、胡麻油 1t
煮つけ用味付け：濃い口醤油 6T、料理酒 3T、ニンニクのみじん切リ 1T、砂糖 1/2T、水飴 1T

❋❋❋❋ 料理方法(レシピ)

① じゃがいもは皮をむいて大きい栗の実ほどの大きさに切る。
② カリ唐辛子はがくをとり、洗う。
③ 鍋にじゃがいもが浸るほどに水で塩を入れて煮る。
④ じゃがいもが半分ほど火が通れば唐辛子を入れて炒める。煮つけ用味付け調味料を入れて中火でじゃがいもを煮る。
⑤ じゃがいもに全てまんべんなく味がつくよう　ひっくり返し汁がなくなってきたらねぎのみじん切リと胡麻油を入れてよく混ぜる。
⑥ 火を消した後ごまを振りかける。

❋❋❋❋ Nguyên liệu

5 củ khoai tây loại vừa, 20 quả ớt nhăn (koa ri kô tru), 1 thìa vừng, 1 thìa hành băm, 1 thìa dầu vừng (trăm ki rưm)
Gia vị rim: 6 thìa xì dầu, 3 thìa rượu tạo vị ngon (mạt sul), 1 thìa tỏi băm, 1/2 thìa đường, 1 thìa đường cô (mul iệt)

❋❋❋❋ Cách làm

① Khoai tây gọt vỏ, thái miếng to bằng củ hạt dẻ chuẩn bị sẵn.
② Ớt nhăn vặt cuống rồi rửa sạch chuẩn bị sẵn
③ Cho nước ngập khoai tây, cho muối vào rồi luộc khoai.
④ Khi khoai tây chín khoảng một nửa thì cho ớt vào, đảo lên một chút rồi đổ gia vị rim vào và rim khoai tới khi chín bằng lửa vừa.
⑤ Lật khoai tây lại để khoai ngấm gia vị, khi cạn nước thì cho hành băm và dầu vừng vào rồi trộn lên là được.
⑥ Sau khi tắt bếp, rắc vừng lên trên.

❋❋❋❋ Орц

Дунд зэргийн томтой төмс 5ш, жижиг чинжүү 20ш, тунгэ 1 халбага, чамкирим
1халбага. Амтлагчны орц: жинканжан 6халбага, сужү 3халбага, Нунтагласан сармис 1 халбага, сахар тал халбага

❋❋❋❋ Хоол хийх арга

① Төмсөө хальслаад томовтор хэмжээгээр хэрчиж бэлдэнэ.
② Чинжүүгээ сүүлий нь хэрчиж аваад угаана.
③ Тогоондоо төмсөө хийгээд төмснийхөө дээгүүр ус хийгээд давс хийж чанана.
④ Төмсөө бага зэрэг болохоор нь чинжүүгээ хийж хутгаад амтлагчаа хийж бага зэргийн галаар төмсөө болгоно.
⑤ Амтлагчаа төмснөөсөө нэг дахин их хийгээд өтгөрөөд ирэх үед нь хэрчсэн сонгино болон чамкиримээ хийж өгнө.
⑥ Болсоны дараа гала унтраагаад тунгэ –гээ цацна.

겉절이

凉拌菜
浅漬け
Rau sống trộn (Kọt chư ri)
коджори

❀❀❀❀ **재료**

속 배추 1/2포기, 소금물(물5컵+소금70g), 쪽파 5뿌리, 무 1/4개, 참기름 1t
양념: 액젓 2T, 다진 마늘 1T, 다진 생강 1t, 고춧가루 5T, 설탕 2T, 통깨, 소금 조금

❀❀❀❀ **조리방법**

① 배추는 씻어서 쭉쭉 찢은 다음 소금물에 3시간 정도 절인다.
② 배추가 절여지면 한 번 씻어서 건져 놓는다.
③ 쪽파는 4~5cm길이로 썰고, 무는 채 썰고 양념을 준비한다.
④ 절여놓은 배추에 ③과 양념을 넣고 버무린다.
⑤ 소금으로 간을 하고, 통깨와 참기름을 넣는다.

❀❀❀❀ 材料

白菜芯 1/2颗(盐水：水 5杯+盐 70g)，小葱 5根，萝卜 1/4个，香油 1汤匙

调料：鳀鱼酱汤 2汤匙，蒜末 1汤匙，生姜末 1汤匙，辣椒粉 5汤匙，糖 2汤匙，芝麻、盐 少许

❀❀❀❀ 料理方法

① 白菜洗干净，大块切开后，放在盐水里大概3小时左右。

② 白菜腌好后，冲洗一遍然后捞出来。

③ 小葱切成4~5cm长短，萝卜切丝，然后加入调料。

④ 把③放入腌好的白菜里，拌一下儿。

⑤ 加盐调味儿，再加入芝麻和香油即可。

❀❀❀❀ 材料

白菜 1/2株(塩水：水5コップ+塩70g)、わけぎ 5本、大根 1/4個、胡麻油 1t

味付け用調味料：塩辛 2T、ニンニクのみじん切り 1T、生姜のみじん切り 1t、唐辛子粉 5T、砂糖 2T、
　　　　　　　ごま、塩少量

❀❀❀❀ 料理方法(レシピ)

① 白菜は洗って裂いた後塩水に 3時間位漬ける。

② 白菜を十分煮付けたら一度洗って水からあげておく。

③ わけぎは4~5cmの長さに切っり、大根は千切りにして味付け用調味料をいれて混ぜる。

④ 漬けておいた白菜に ③を入れて混ぜる。

⑤ 塩で味を整えごまと胡麻油を入れる。

❀❀❀❀ Nguyên liệu

1/2 lõi cải thảo(nước muối : 5 cốc nước + 70g muối), 5 thân trắng hành lá nhỏ chokpa (chốc pha), 1/4 củ cải, 1 thìa dầu vừng (trăm ki rưm)

Gia vị: 2 thìa nước mắm, 1 thìa tỏi băm, 1 thìa gừng băm, 5 thìa ớt bột, 2 thìa đường, vừng, một chút muối

❀❀❀❀ Cách làm

① Rửa cải thảo, xé ra rồi ngâm vào nước muối khoảng 3 tiếng.

② Khi cải thảo đã mềm ra thì rửa lại một lần nữa rồi vớt ra.

③ Hành thái đoạn dài 4~5cm, củ cải thái chỉ rồi chuẩn bị gia vị.

④ Cho ③ vào cải thảo đã mềm ra rồi trộn đều lên.

⑤ Cho muối vào làm vừa vị rồi cho vừng và dầu vừng vào là được.

❀❀❀❀ Орц

тал байцаа, /давсалсан ус: ус 5аяга+давс 70гр/, жижиг дутуу болсон ногоон сонгино 5 боодол, цагаан манжин 1/4, чамкирим 1халбага

Амтлагч: Эгжод 2халбага, нунтагласан сармис 1 халбага, нунтагласан цагаан гаа 1 халбага, нунтаг чинжҮҮ 5 халбага, сахар 2 халбага, тунгэ, давс бага зэрэг

❀❀❀❀ Хоол хийх арга

① Байцаагаа угаагаад жижиглэсний дараа давстай усандаа 3цаг орчим сойно.

② Байцаагаа нэг удаа зайлаад шүүж авна.

③ Жижиг сонгиноо 4-5см урттайгаар хэрчээд цагаан манжингаа нарийн хэрсээд амтлагчаа бэлдэнэ.

④ Байцаан дээрээ ③-ыг хийж хлдьж өгнө.

⑤ Давсалж амтлаад тунгэ болон чамкирим- ээ хийнэ.

골뱅이 무침

凉拌海螺
つぶ貝の和えもの
Ốc trộn (Kôl beng y mu trim)
Гульбэни мүчим

❀❀❀❀ **재료**

골뱅이 1캔(400g), 양파 1/4개, 오이1/2개, 풋고추 2개, 붉은 고추 2개, 대파 1뿌리
양념장: 고추장 2T, 고춧가루 4T, 골뱅이 국물 2T, 다진 마늘 1T, 설탕 2T, 깨소금 1t, 물엿 1T, 참기름 1T,
　　　　식초 2T

❀❀❀❀ **조리방법**

① 골뱅이는 흐르는 물에 한 번 씻어 물기를 뺀다.
② 골뱅이는 큰 것은 반으로 자른다.
③ 양파, 대파는 채 썰어 찬물에 잠시 담갔다가 건진다.
④ 오이, 풋고추, 붉은 고추는 어슷하게 썬다.
⑤ 준비된 야채와 골뱅이에 양념장을 넣어가며 버무린다.

❊ ❊ ❊ ❊ 材料

海螺 1罐(400g)，洋葱1/4个，黄瓜 1/2个，青辣椒 2个，红辣椒 2个 大葱 1根
调味酱：辣椒酱 2汤匙，辣椒粉 4汤匙，海螺汤 2汤匙，蒜末 1汤匙，糖 2汤匙，芝麻盐 1汤匙，糖稀 2汤匙，
　　　　香油 1汤匙，醋 2汤匙

❊ ❊ ❊ ❊ 料理方法

① 把海螺用水冲洗，然后除去水分。
② 把大海螺切半。
③ 把洋葱和大葱切丝，然后泡在冷水里。
④ 把黄瓜、青辣椒和红辣椒均匀切好。
⑤ 把准备好的蔬菜和海螺放在调味酱里，拌均匀即可。

❊ ❊ ❊ ❊ 材料

つぶ貝 1缶(400g)、玉ねぎ 1/4個、きゅうり 1/2個、青唐辛子 2個、紅唐辛子 2個、長ねぎ 1本
たれ：コチジャン 2T、唐辛子の粉 4T、つぶ貝の缶汁 2T、ニンニクのみじん切り 1T、砂糖 2T、
　　　ごま塩 1t、水飴 1T、胡麻油 1T、酢 2T

❊ ❊ ❊ ❊ 料理方法(レシピ)

① つぶ貝は流水で一度洗って水気を切る。
② つぶ貝は大きいものは半分に切る。
③ 玉ねぎ、長ねぎは千切リにして冷水にしばらくつけてから取り出す。
④ きゅうり、青唐辛子、赤唐辛子は斜めに切る。
⑤ 用意した野菜とつぶ貝をたれで和える。

❊ ❊ ❊ ❊ Nguyên liệu

Một hộp ốc (400g), 1/4 củ hành tây, 1/2 củ dưa chuột, 2 quả ớt xan1, 2 quả ớt đỏ, 1 thân trắng hành lá to
daepa (đê pha)
Gia vị: 2 thìa gochujang (kô tru chang), 4 thìa ớt bột, 2 thìa nước ốc, 1 thìa tỏi băm, 2 thìa đường, 1 thìa vừng
rang muối (ke sô gưm), 1 thìa đường cô (trăm ki rưm), 1 thìa dầu vừng (trăm ki rưm), 2 thìa dấm

❊ ❊ ❊ ❊ Cách làm

① Ốc rửa sạch dưới vòi nước chảy rồi để ráo nước.
② Bổ đôi những con ốc to.
③ Hành tây và hành thái lát rồi ngâm vào nước lạnh 1 lát rồi vớt ra ngay.
④ Dưa chuột, ớt xanh, ớt đỏ thái lát.
⑤ Cho gia vị vào các loại rau củ và ốc đã chuẩn bị sẵn rồi trộn đều lên.

❊ ❊ ❊ ❊ Орц

Гульбэни 1 аяга 400гр, сонгино 1/4 ш, өргөст хэмх 1/2 ш, дутуу болсон чинжүү 2 ш, улаан чинжүү 2 ш,
ногоон сонгино 1 ш
Амтлагч: Чинжүүний жан 2х/х, нунтаг чинжүү 4х/х, гульбэни шөл 2х/х, татсан сармис 1х/х, элсэн чихэр 2х/х,
үр 1 ц/х, ёахарын ёд 1х/х, гүнжидийн тос 1х/х, цагаан цуу 2х/х

❊ ❊ ❊ ❊ Хоол хийх арга

① Гульбэни сайтар усаар зайлна.
② Том гульбэниг дундуур нь хуваана
③ Сонгино, ногоон сонгиног нарийн хэрчин хүйтэн усанд сойно.
④ Өргөст хэмх улаан ногоон чинжүүг ташуу хэрчинэ.
⑤ Бэлдсэн ногоо гульбэнигээ амтлагчинд хутгана.

더덕구이

煎党参

トドククイ（ツルニンジン焼き）

Củ deodeok nướng (Đơ dớc ku i)

додогуи

❀ ❀ ❀ ❀ 재료

더덕 200g

기름장: 참기름 1/2T, 간장 1T

양념고추장: 고추장 2T, 물엿 2T, 다진 파 2T, 다진 마늘 1T, 깨소금 1T, 참기름 1t

❀ ❀ ❀ ❀ 조리방법

① 더덕은 껍질을 벗기고 소금물에 씻어 방망이로 두들겨 부드럽게 편다.

② 더덕에 기름장을 발라 재어 둔다.

③ ②의 더덕을 약한 불에서 살짝 굽는다.

④ ③의 더덕에 양념고추장을 발라가며 한 번 더 구워준다.

✽✽✽✽ 材料

党参
油料：香油 1/2汤匙，酱油 1汤匙
辣椒酱料：辣椒酱 2汤匙，糖稀 2汤匙，葱花 2汤匙，蒜末 1汤匙，芝麻盐 1汤匙，香油 1汤匙

✽✽✽✽ 料理方法

① 党参去皮，盐水中洗干净，用棒槌把党参敲软。
② 把油料涂在党参上，腌制。
③ 把②的党参用小火烤制。
④ 在做好的③的党参上涂上辣椒酱料作料，然后再进行烤制即完成。

✽✽✽✽ 材料

ツルにんじん 200g
油だれ：胡麻油 1/2T、醤油 1T
味付け用コチジャン：コチジャン 2T、水飴 2T、ねぎのみじん切り 2T、ニンニクのみじん切り 1T、
　　　　　　　　ごま塩 1T、胡麻油1t

✽✽✽✽ 料理方法(レシピ)

① ツルにんじんは皮をむいて塩水で洗ってうち棒で叩いてやわらかくする。
② ツルにんじんに油だれを漬けておく。
③ ②のツルにんじんをを弱火でさっと焼く。
④ ③のツルにんじんに味付け用コチジャンを塗りもう一度焼く。

✽✽✽✽ Nguyên liệu

200g deodeok (đơ đóc)
Gia vị dầu vừng: 1/2 thìa dầu vừng (trăm ki rưm), 1 thìa xì dầu
Gia vị gochujang (kô tru chang): 2 thìa gochujang (kô tru chang), 2 thìa đường cô (mul iệt), 2 thìa tỏi băm, 2
　　　　　　　　thìa hành băm, 1 thìa dầu vừng (trăm ki rưm), 1 thìa vừng rang muối

✽✽✽✽ Cách làm

① Củ deodeok lột vỏ, rửa sạch bằng nước muối rồi dùng chày đập cho mềm ra.
② Bôi gia vị dầu vừng vào deodeok rồi để cho ngấm gia vị.
③ Nướng qua deodeok ② bằng lửa nhỏ.
④ Bôi gia vị gochujang lên deodeok ③ rồi nướng cho đến khi chín là được.

✽✽✽✽ Орц

Додог 200гр
Киримжан: чамкирим 1/2 халбага, канжан 1 халбага
Амтлагч: гучүжан 2 халбага, мүлёд 2 халбага, хэрчсэн ногоон сонгино 1ш, гэсгим 1 халбага, чамкирим 1 халбага

✽✽✽✽ Хоол хийх арга

① Додогоо хальслаад давстай усанд угаагаад цохиж зөөллөнө.
② Киримжангаа додогонд түрхэж өгнө.
③ ②-н додогоо бага галаар зөөлөн буцалгаж болгоно.
④ ③-н додогон дээрээ амтлагчаа хийгээд бахин нэг болгоно.

물김치(나박김치)

水泡菜（萝卜泡菜）
水キムチ（ナバックキムチ）
Kimchi nước (Mul kimchi) (Nabak kimchi: Na bắc kimchi)
Мүлкимчи (усан кимчи)

❋❋❋❋ **재료**

무(300g) 1개, 배추 10장, 쪽파 10뿌리, 미나리 100g, 양파 1/4개, 붉은 고추 3개
김칫국물: 밀가루 풀 1컵, 고운 고춧가루 2T, 마늘 5쪽, 생강 1개, 끓여 식힌 물 10컵, 젓국 또는 소금 조금

❋❋❋❋ **조리방법**

① 배추와 무는 2cm×2.5cm 크기의 사각으로 썰고 소금을 약간만 뿌려서 절인다.
② 쪽파와 미나리는 3cm 길이로 썰어 놓고 생강, 마늘은 채 썰어 놓는다.
③ 붉은 고추는 반으로 갈라서 씨를 털고 채 썰어 놓는다.
④ ①에 파, 마늘, 생강, 고추를 넣고 버무려 항아리에 담는다.
⑤ 준비된 물에 소금을 풀어 간을 맞추고, 고춧가루는 거즈에 싸서 주물러 붉은 물을 빼고 ④의 항아리에 붓는다.
Tip 미나리는 잘 익은 후에 넣는다.

❋❋❋❋ 材料

萝卜(300g) 1个，白菜 10叶，小葱 10根，水芹菜 100g，洋葱1/4个，红辣椒 3个
泡菜汤：面糊 1杯，辣椒粉 2汤匙，蒜 5瓣，生姜 1个，凉开水 10杯，虾酱汤或者盐 少许

❋❋❋❋ 料理方法

① 把白菜和萝卜切成2cm×2.5cm大小的片，然后稍微撒一点儿盐，腌一下。
② 把葱和水芹菜切成3cm长短，生姜、蒜切片。
③ 把红辣椒去籽，然后切丝。
④ 在①中放入葱、蒜、生姜和辣椒，拌一拌后，放在坛子里。
⑤ 准备好的水里，加盐调味儿，把辣椒粉包在纱布里，除去红色的汤水，然后放在④的坛子里
Tip 水芹菜腌制成熟后即可。

❋❋❋❋ 材料

大根(300g) 1個、白菜 10枚、わけぎ 10本、せり 100g、玉ねぎ 1/4個、紅唐辛子 3個
キムチの汁：少量の水でといた小麦粉 1カップ、唐辛子の粉 2T、ニンニク 5切り、生姜 1個、白湯 10カップ、
　　　　　塩辛の汁または塩少量

❋❋❋❋ 料理方法(レシピ)

① 白菜と大根を 2cm×2.5cmの四角形の大きさに切って塩を少し振り漬ける。
② わけぎとせりは3cmの長さに切り生姜、ニンニクは千切りにしておく。
③ 赤唐辛子は半分に切り種を取り除き千切りにしておく。
④ ①に長ねぎ、ニンニク、生姜、唐辛子を入れて混ぜ、かめにいれる。
⑤ 用意したキムチの汁に塩を溶いで味をる。唐辛子の粉だけはガーゼに包んでもんで赤い水がでなくなったら汁に混ぜ
　を④のかめに入れる。
Tip せりはよく煮た後入れる。

❋❋❋❋ Nguyên liệu

1 củ cải (300g), 10 lá cải thảo, 10 thân trắng hành lá nhỏ chokpa (chốc pha), cần 100g, 1/4 củ hành tây, 3 quả ớt đỏ
Nước kimchi: 1 cốc hồ nấu bằng bột mì, 2 thìa ớt bột mịn, 5 tép tỏi, 1 miếng gừng, 10 cốc nước đun sôi để nguội,
　　　　　nước mắm và một ít muối

❋❋❋❋ Cách làm

① Cải thảo và củ cải thái miếng hình chữ nhật 2cm×2.5cm rồi rắc một chút muối lên để mềm ra.
② Hành và cần thái đoạn có độ dài 3cm, gừng, tỏi thái chỉ.
③ Ớt đỏ thái đôi, bỏ hạt rồi thái chỉ.
④ Cho hành, tỏi, gừng và ớt vào ① rồi trộn lên và cho vào vại.
⑤ Cho muối vừa vị vào nước đã chuẩn bị, ớt bột cho vào màn xô, vắt lấy nước đỏ còn bã bỏ đi rồi đỏ nước vào vại ④
Tip Cần cho vào khi kimchi đã chín.

❋❋❋❋ Орц

цагаан манжин /300гр/1ш, байцаа 10 том зүсэм, дутуу болсон жижигхэн ногоон сонгино10ш, минари 100гр,
бүүрүнхий сонгино 1/4ш, улаан чинжүү 3ш
Кимчины шүл: гурилны үвс 1 аяга, болсон нунтагласан чинжүү 2халбага, сармис 5ш, цагаан гаа 1ш, буцалгаад
　　　　　хүргүсүүн ус 10аяга, жодгүг бага зэргийн давс

❋❋❋❋ Хоол хийх арга

① Байцаа болон цагаан манжингаа 2см×2.5см-ийн хэмжээтэйнээр хэрчээд бага зэрэг давсална.
② Жижиг ногоон сонгино болон минаригаа 3см хэртэй хэрчээд цагаан гаа сармисаа үрнэ.
③ Улаан чинжүүгээ талаар нс хувааж байгаад үрийнь цэвэрлээд үрнэ.
④ ①-дээр нь сонгино, сармис, цагаан гаа, чинжүүгээ холиод вааранд хийж таглана.
⑤ Бэлтгэсэн усан дээрээ давс нэмж амтлаад нунтаг чинжүү хийн хутгаад улаан болсон усаа тусад нь аваад ④-ийн
　вааранд юүлнэ.
Tip Сайн болсоны дараа минаригаа хийнэ.

불고기

烤肉
プルコギ
Thịt bò xào Bulgogi (Bul kô ki)
Булгуги

✳✳✳✳ **재료**

소고기(등심 또는 불고기감) 600g(1근), 양파 1개, 당근 2개, 표고버섯 2장, 대파 1/2 뿌리(쪽파 4뿌리), 당면 50g
양념장: 간장 4~5T, 다진 마늘 1T, 설탕 1T, 꿀 1T, 후추 1t, 통깨 1T, 참기름 1T, 배 즙 2T, 맛술 1T, 육수 1컵

✳✳✳✳ **조리방법**

① 준비된 양념장에 고기를 넣고 버무려 1시간 동안 재어 둔다.
② 당근과 양파, 표고버섯은 채 썰어 놓는다.
③ 당면은 끓는 물에 삶아 놓는다.
④ 팬에 기름을 약간 두르고 ①을 넣어 익힌 후 준비된 야채를 넣어 살짝 익힌다.
⑤ 육수와 당면을 넣는다.

❋❋❋❋ 材料

牛肉(里脊肉) 600g，洋葱 1个，胡萝卜 2个，香菇 2颗，大葱1/2根(小葱 4根)，粉条 50g
调料酱：浓酱油 4~5汤匙，蒜末 1汤匙，糖 1汤匙，蜂蜜 1汤匙，胡椒粉 1汤匙，芝麻 1汤匙，香油 1汤匙，
　　　梨汁 2汤匙，料酒 1汤匙，肉汤 1汤匙

❋❋❋❋ 料理方法

① 把牛肉放入准备好的调味酱里，拌一下儿，放置1个小时。
② 把胡萝卜、洋葱和香菇切丝。
③ 把粉条用开水煮一下儿。
④ 在炒锅里稍加一点儿油，把①炒一下儿，①熟后，再把准备好的蔬菜放进去炒熟。
⑤ 然后放入肉汤和粉条，即可。

❋❋❋❋ 材料

牛肉(ヒレまたはプルコギ用肉) 600g、玉ねぎ 1個、にんじん 2個、シイタケ 2枚、長ねぎ 1/2 本(またはわけぎ4本)、
春雨 50g
たれ：濃い口醤油 4~5T、ニンニクのみじん切り 1T、砂糖 1T、蜂蜜 1T、胡椒 1t、ごま 1T、胡麻油 1T、
　　　梨のジュース 2T、料理酒 1T、だし汁 1カップ

❋❋❋❋ 料理方法(レシピ)

① 用意したたれに肉を入れて混ぜ 1時間の間寝かしておく。
② にんじんと玉ねぎ、シイタケは千切りにしておく。
③ 春雨は沸騰した湯でゆでてふやかしておく。
④ フライパンに油を少しひき①を焼いた後用意した野菜を入れて軽く火を通す。
⑤ だし汁と春雨を入れる。

❋❋❋❋ Nguyên liệu

600g thịt bò (loại diềm thăn: đưng sim hoặc loại dùng để nấu bulgogi), 2 củ cà rốt, 1 củ hành tây, 2 cái nấm hương (phiô kô bơ sớt), 1/2 thân trắng hành lá to daepa (đê pha) hoặc 4 thân trắng hành lá nhỏ chokpa (hốc pha), 50g miến (đang miên)
Gia vị: 4~5 thìa xì dầu, 1 thìa tỏi băm, 1 thìa đường, 1 thìa mật ong, 1 thìa hạt tiêu, 1 thìa dầu vừng (trăm ki rưm), 1 thìa vừng, 2 thìa nước lê ép, 1 thìa rượu tạo vị ngon (mạt sul), 1 thìa nước hầm

❋❋❋❋ Cách làm

① Cho thịt vào gia vị đã chuẩn bi sẵn rồi trộn đều lên, sau đó để ướp trong vòng 1 tiếng.
② Cà rốt, hành tây, nấm hương thái chỉ.
③ Miến luộc bằng nước sôi đến khi mềm ra.
④ Cho một it dầu ăn vào chảo rồi nấu chín ①, sau đó cho rau củ đã chuẩn bị sẵn vào rồi nấu vừa chín tới rau củ.
⑤ Cho nước hầm và miến vào đun thêm một chút là được.

❋❋❋❋ Орц

Үхрийн мах 600 гр, сонгино 1ш, лууван 2 ш, пюгу мөөг 2ш, ногоон сонгино 1/2ш, пүнтүүз 50гр
Амтлагч: удаан дарсан цуу 4-5 х/х, татсан сармис 1х/х, элсэн чихэр 1х/х, зөгийн бал 1х/х, перец 1 ц/х, үр 1 х/х,
　　　гүнжидийн тос 1 х/х, лийрний шүүс 2 х/х, хүнсний зориулалттай архи 1 х/х, шөл 1 аяга

❋❋❋❋ Хоол хийх арга

① Бэлдсэн амтлагчандаа махаа хийж 1 цаг байлгана.
② Лууван, сонгино, пюгу мөөгийг нөрийн хэрчинэ.
③ Буцалсан усанд пүнтүүзийг чанана.
④ Тосолсон хайруулын тавганд махаа хийж хуурсны дараа ногоогоо хийж хуурна.
⑤ Шөл, пүнтүүзээ хийнэ.

소고기 삼색말이

三色牛肉卷
牛肉三食まき
Thịt bò cuốn 3 màu (Sô kô ki sam séch ma ri)
Сугуги самсагмари

❀❀❀❀ **재료**

소고기(우둔살) 400g, 당근 1/2개, 우엉 1/2뿌리, 풋고추 4개, 밀가루 4T, 식초 조금
조림장 : 진간장 5T, 설탕 2T, 청주 2T, 육수 1컵 반, 다진 마늘 1t, 후추 조금

❀❀❀❀ **조리방법**

① 소고기는 얇고 넓적하게 포를 뜬다.
② 풋고추는 굵게 채 썰고, 당근은 길게 채 썬 다음 소금물에 살짝 데쳐 놓는다.
③ 우엉은 채 썰어서 찬물에 담갔다가 식초를 약간 넣은 끓는 물에 데쳐낸다.
④ ①을 가지런히 펴 놓고 밀가루를 골고루 뿌린다.
⑤ ④에 당근, 풋고추, 우엉을 각각 3~4개씩 얹고 단단하게 말아 이쑤시개로 고정시킨다.
⑥ 팬에 식용유를 두르고 ⑤를 익힌다.
⑦ 조림장을 만들어 ⑥에 넣고 거품을 걷어 내면서 조린다.

✳✳✳✳ 材料

牛肉(牛臀肉) 400g，胡萝卜 1/2个，牛蒡 1/2根，青辣椒 4个，面粉 4汤匙，醋 少许
调味酱：浓酱油 5汤匙，糖 2汤匙，清酒 2汤匙，肉汤 1杯半，蒜末 1汤匙，胡椒粉 少许

✳✳✳✳ 料理方法

① 把牛肉切成薄薄的大片儿。
② 辣椒切成粗丝，胡萝卜切成长丝后，撒一点儿盐，腌一会儿。
③ 把牛蒡切丝然后泡在冷水里，再放进加醋的热水里焯一下儿。
④ 把①整齐地铺开，然后撒上面粉。
⑤ 把青辣椒、牛蒡各3~4个左右放在④上，紧实地卷起来，再用牙签固定。
⑥ 煎锅里倒油，把⑤煎熟即可。
⑦ 准备好调味酱，然后放入⑥，再炖一下儿即可。

✳✳✳✳ 材料

牛肉(臀部肉) 400g、にんじん 1/2個、ゴボウ 1/2本、青唐辛子 4個、小麦粉 4T、酢少し
調味料：濃い口醤油 5T、砂糖 2T、日本酒 2T、だし汁　カップ半分、ニンニクのみじん切り 1t、胡椒少し

✳✳✳✳ 料理方法(レシピ)

① 牛肉は薄くて平たくしすじをとる。
② 青唐辛子は太く千切りにして、にんじんは長く千切りにした後塩水で軽くゆでておく。
③ ゴボウは千切りにして冷水に浸してから酢を少し入れた沸騰している湯でゆでる。
④ ①をきちんと敷き小麦粉をまんべんなく振り掛ける。
⑤ ④ににんじん、青唐辛子、ゴボウをそれぞれ 3~4個ずつのせて丸くししっかり楊枝でとめる。
⑥ フライパンに食用油ひいて⑤に火を通す。
⑦ 調味料を合わせたれを作って ⑥に入れてあくを取り除きながら煮る。

✳✳✳✳ Nguyên liệu

400g thịt bò (phần mông: u đun sal), 1/2 củ cà rốt, 1/2 củ ueong (u ơng), 4 quả ớt xanh, 4 thìa bột mì, một chút dấm
Gia vị: 5 thìa xì dầu, 2 thìa đường, 2 thìa rượu cheongju (trơng chu), 1 nửa cốc nước hầm, 1 thìa tỏi băm, một chút hạt tiêu

✳✳✳✳ Cách làm

① Thịt bò thái lát to mỏng .
② Ớt xanh thái sợi dầy, cà rốt thái sợi dài rồi trần qua nước sôi bỏ thêm chút muối.
③ Ueong thái sợirồi ngâm vào nước lạnh sau đó trần vào nước sôi cho thêm một chút dấm.
④ Trải ① phẳng ra rồi rắc đều bột mì lên.
⑤ Cho cà rốt, ớt xanh, ueong mỗi thứ 3~4 cái vào ④ rồi quấn chặt lại rồi dùng tăm giữ chặt thịt.
⑥ Cho dầu ăn vào chảo rồi rán chín ⑤.
⑦ Làm gia vị rồi cho ⑥ vào, vớt bọt ra rồi rim lên là được.

✳✳✳✳ Орц

Үхрийн мах 400грр, лууван 1/2ш, үон 1/2ш, дутуу боловсорсон чинжүү 4ш, гурил 4 х/х, цагаан цуу бага зэрэг
Амтлагч: Удаан дарсан цуу 5 х/х, элёэн чихэр 2 х/х, цагаан будааны архи 2х/х, шөл тал аяга, татсан сармис 1 ц/х, перец бага зэрэг

✳✳✳✳ Хоол хийх арга

① Үхрийн махыг нимгэн нарийн хэрчинэ.
② Чинжүү луувангаа нарийн хэрчин давстай усанд болгоно.
③ Үон нарийн хэрчиж хүйтэн усанд сойгоод цанаан цуутай усанд чанана.
④ ①ээ гуриланд эргүүлнэ.
⑤ ④дээрээ лууван, чинжүү, үон 3-4 ш хийж шүдний чигчлүүрээр сүлбэнэ.
⑥ Хайруулын тавгаа тослон шорлогоо эргүүлж тойруулан шаргалттал шарна.
⑦ Амтлагчөө бэлдэж ⑥аа хийж буцалгана.

아욱국

露葵汤（莼菜汤）
チョウセンフユアオイクク
Canh rau Auk (A úc cục)
Аүг гүг

❀❀❀❀ **재료**

아욱 1단(200g), 보리새우 10g, 멸치국물 5컵, 된장 3T, 다진 마늘 1T, 쌀뜨물

❀❀❀❀ **조리방법**

① 아욱 줄기의 거친 껍질을 벗겨내고 적당한 길이로 잘라 손으로 비벼 씻는다.
② 끓는 물에 소금을 넣고 아욱을 데친 후 찬물에 한 번 헹군다.
③ 쌀뜨물에 멸치와 다시마를 넣고 국물을 만든 다음 된장을 풀고 아욱과 보리새우, 마늘을 넣어 끓인다.
Tip 아욱을 데치면 불순물이 제거되고 깨끗한 국물 맛을 낸다.

❀❀❀❀ 材料

露葵菜 1捆(200g)，糠虾(毛虾) 10g，鳀鱼汤 5杯，黄酱 3汤匙，蒜末 1汤匙，淘米汤

❀❀❀❀ 料理方法

① 把露葵茎的皮儿除掉，切成合适大小，然后用手揉洗。
② 开水中加一点儿盐，把露葵焯一下儿后放在凉水里冲洗一下儿。
③ 把鳀鱼酱和海带放入淘米汤，做汤。然后加入黄酱，再放入露葵、糠虾和蒜末煮一下儿。

Tip 焯露葵的时候可以除去杂质，使汤味儿更鲜。

❀❀❀❀ 材料

チョウセンフユアオイ 1束(200g)、車海老 10g、いわしのスープ 5コップ、みそ 3T、ニンニクのみじん切り 1T、米のとぎ汁

❀❀❀❀ 料理方法(レシピ)

① アオイの荒い皮をむき適当な長さにきる。
② 沸騰した湯に塩を入れてアオイをゆでて冷水に一度さらす。
③ 米のとぎ汁にいわしと昆布を入れてスープを作った後みそをといてアオイと車海老、ニンニクを入れて煮る。

Tip アオイをゆがけばあくが除去されて美味しいスープの味がでる。

❀❀❀❀ Nguyên liệu

1 bó auk (a úc) (200g), 10g tôm hẹ, 5 cốc nước hầm cá cơm, 3 thìa tương, 1 thìa tỏi băm, nước vo gạo.

❀❀❀❀ Cách làm

① Ngắt bỏ ngần thân cứngcủa auk rồi thái thành đoạn vừa phải, sau đó xoa auk bằng 2 bàn tay rồi rửa sạch.
② Cho muối vào nước đun sôi rồi trần auk vào nước sôi, vớt ra tráng bằng nước lạnh.
③ Cho cá cơm và miếng rong biển khô (đa si ma) vào nước vo gạo, ninh sôi lên rồi cho tương vào nghiền nát, cho rau auk, tôm và tỏi vào rồi đun sôi lên.

Tip Trần auk lên sẽ loại được chất bẩn trong auk, tạo vị nước ngon sạch.

❀❀❀❀ Орц

Аүг 200 гр, бури сам хорхой 10гр, мёлчи загасны шөл 5 аяга, дуэнжан 3 х/х, татсан сармис 1х/х, будаа угаасан ус

❀❀❀❀ Хоол хийх арга

① Аүгын ишний хальсыг хуулж хэрчин сайтар угаана.
② Давстай буцалсан усанд аүгыг болгоод хүйтэн усанд сойно.
③ БУдаа угаасан усандаа дашима мёлчи загас хийж шөл буцалган дуэнжанаа хийж сайтар хутгаад аүг, бури сам хорхой, сармисаа хийж буцалгана.

Tip Mallow цэцэгээ усанд сайн зайлж шүүвэл цэвэрхэн тунгалаг шөл гарна.

야채계란말이

蔬菜鸡蛋卷
野菜の卵焼き
Trứng cuộn rau (Ya tre kyê ran ma ri)
Ячэ гэран мари (Ногоо өндөгний ороомог)

❀❀❀❀ **재료**

계란 3개, 다진 파, 당근, 양파, 케첩, 소금 조금, 식용유

❀❀❀❀ **조리방법**

① 계란을 볼에 넣은 뒤 소금 간을 하여 풀어 놓는다.
② 양파, 파, 당근은 잘게 다진다.
③ ①에 ②를 넣고 저어준다.
④ 약한 불에서 달궈진 프라이팬에 식용유를 두르고 ③을 부어준다.
⑤ 계란이 어느 정도 익으면 조금씩 접어가면서 돌돌 말아준다.
⑥ 먹기 좋은 크기로 썰어 접시에 담은 뒤 케첩을 뿌려준다.

✻✻✻✻ 材料

鸡蛋 3个，葱花，胡萝卜，洋葱，番茄酱，盐 少许，食用油

✻✻✻✻ 料理方法

① 把鸡蛋打开后，加盐搅拌均匀。
② 把洋葱、大葱和胡萝卜切碎。
③ 把②放入①中搅拌。
④ 在平底锅中均匀倒入食用油，用小火煎③鸡蛋。
⑤ 当鸡蛋熟到一定程度时，在平底锅里把鸡蛋饼一点儿一点儿地卷起来。
⑥ 把鸡蛋卷切成合适大小，放在盘子里，淋上番茄酱即可。

✻✻✻✻ 材料

卵3個、ねぎのみじん切り、にんじん、玉ねぎ、ケチャップ、塩少量、食用油

✻✻✻✻ 料理方法(レシピ)

① 卵をボールに入れた後塩味をつけてよくときほぐす。
② 玉ねぎ、長ねぎ、にんじんは皮をむき細かく刻む。
③ ①に ②を入れてかき混ぜる。
④ 熱したフライパンに食用油をひき弱火で ③をいれる。
⑤ 卵がある程度焼けたら少しずつ折りながらくるくる巻いていく。
⑥ 食べやすい大きさに切ってお皿に盛りつけた後ケチャップをつける。

✻✻✻✻ Nguyên liệu

3 quả trứng, hành băm, cà rốt, hành tây, sốt cà chua ketchup (khe trớp), một chút muối, dầu ăn

✻✻✻✻ Cách làm

① Cho trứng vào bát, cho thêm một chút muối rồi đánh đều lên.
② Nhặt sạch hành, cà rốt, hành tây rồi băm nhỏ ra.
③ Cho ① và ② vào cùng rồi đánh đều lên.
④ Cho dầu ăn vào chảo đã làm nóng lên bằng lửa nhỏ rồi rót ③ vào.
⑤ Khi trứng đã chín phần nào rồi thì lật từng tí lại rồi cuộn tròn lại.
⑥ Thái miếng vừa miệng ăn và bày ra đĩa rồi rưới sốt cà chua ketchup lên.

✻✻✻✻ Орц

өндөг 3 ш, хэрчсэн сонгино, лууван, бөөрөнхий сонгино, кетчуп, давс бага зэрэг, ургамлын тос

✻✻✻✻ Хоол хийх арга

① Өндгөө давсаар амталж сайтар хутгана.
② Сонгино, ногоон сонгино, лууван гаа жижиг хэрчинэ.
③ ① дээр ②оо хийнэ.
④ ③өөлөн гал дээр өндгөө шарна.
⑤ Өндгөө бага багаар ороож болгоно.
⑥ Хэрчиж таваглаад кетчуп түрхэнэ.

약밥

八宝饭
ヤッパプ
Xôi ngọt (Yác bạp)
Яг баб

찹쌀 4컵, 밤 10개, 대추 10개, 잣 조금
약밥 양념: 물 2컵, 흑설탕 2컵, 간장 3T, 참기름 3T, 소금 1t, 계피가루 1t

❀ ❀❀❀ 조리방법

① 찹쌀을 씻어서 5시간 정도 물에 불려 놓는다.
② 밤은 2등분하고, 대추는 씨를 발라 준비한다.
③ 압력솥에 약밥 양념을 담고 잘 섞이도록 젓는다.
④ 불려 놓았던 찹쌀과 밤, 대추를 ③에 넣고 골고루 섞는다.
⑤ 강한 불로 끓이다가 압력솥에서 소리가 나면 불을 줄이고 2분간 둔 후 불을 끈다.
⑥ 다 된 후에는 김을 완전히 뺀 후에 뚜껑을 열고 잣으로 장식을 한다.
⑦ 식으면 먹기 좋은 모양으로 썰어낸다.

❀ ❀ ❀ ❀ **材料**

糯米 4杯，栗子 10个，大枣 10个，松子 少许
八宝饭汤水: 水 2杯，红糖 2杯，酱油 3汤匙，香油 3汤匙，盐，1汤匙，桂皮粉 1汤匙

❀ ❀ ❀ ❀ **料理方法**

① 把糯米洗干净，泡在水里大概5个小时左右。
② 把栗子切半，大枣去籽。
③ 先把八宝饭水装进高压锅，搅拌均匀。
④ 再把准备好的糯米、栗子和大枣放进③里，搅拌均匀。
⑤ 用大火开始煮，煮到高压锅出声时调到小火儿，再煮2分钟左右关火。
⑥ 等蒸汽完全没有时打开锅盖，撒上松子仁做装饰。
⑦ 完全冷却后，盛出来即可食用。

❀ ❀ ❀ ❀ **材料**

もち米 4カップ、栗 10個、ナツメ 10個、松の実少し
ヤッパプ用スープ: 水 2カップ、黒砂糖 2カップ、醤油 3T、胡麻油 3T、塩 1t、桂皮パウダー 1t

❀ ❀ ❀ ❀ **料理方法(レシピ)**

① もち米をよく洗って 5時間位水に漬けておく。
② 栗は 2等分して、ナツメは荒くきっておく。
③ 圧力釜にヤッパプ用スープを先に入れよく混ざるようかきまぜる。
④ 水にさらしておいたもち米と栗、ナツメを ③に入れてよく混ぜる。
⑤ 強火でふかしている途中圧力釜の音がしたら弱火にして2分してから火を消す。
⑥ 米をむらしたら空気を完全に抜いた後ふたをあけて松の実で飾りつける。
⑦ 全て冷えたら食べやすい大きさに切って出す。

❀ ❀ ❀ ❀ **Nguyên liệu**

4 cốc gạo nếp, 10 củ hạt dẻ, 10 quả táo tàu khô (đê tru), một chút hạt jat (chạt)
Nước nấu xôi: 2 cốc nước, 2 cốc đường đen, 3 thìa xì dầu, 3 thìa dầu vừng (trăm ki rưm), 1 thìa muối, 1 thìa bột quế
(gyê phi ka ru)

❀ ❀ ❀ ❀ **Cách làm**

① Gạo nếp vo sạch rồi ngâm trong nước khỏang 5 tiếng.
② Hạt dẻ bổ đôi, táo tàu thái tròn chuẩn bị sẵn.
③ Cho nước nấu xôi vào nồi áp suất, đảo đều lên để tan đều ra.
④ Cho gạo nếp đã ngâm kĩ, hạt dẻ, táo tàu vào ③ rồi trộn đều lên.
⑤ Đun sôi lên bằng lửa to, khi nồi áp suất reo hơi lên thì cho nhỏ lửa, để thêm 2 phút nữa rồi tắt bếp.
⑥ Sau khi xôi chín, để van nhả hết hơi mới mở nắp vung ra và cho hạt jak lên trên để trang trí.
⑦ Khi xôi đã nguội thì thái miếng vừa miệng ăn.

❀ ❀ ❀ ❀ **Орц**

Наанги будаа 4 аяга, туулайн бөөр 10ш, улаан чавга 10ш, самар бага зэрэг
Яг баб ус: Ус 2 аяга, хар элсэн чихэр 2 аяга, цуу 3 х/х, гүнжидийн тос 3х/х, давс 1 ц/х, нунтаг гэпи 1ц /х

❀ ❀ ❀ ❀ **Хоол хийх арга**

① Наанги будаа сайн угаагаад 5 цаг усанд байлгана.
② Туулайн бөөрийг 2 тэнцүү хуваагаад уллан чавгыг хальсална.
③ Битүү болгогч тогоондоо яг баб усаа хийнэ.
④ Нөөнги будаа, туулайн бөөр, улаан чавга савандаа хийж холино.
⑤ Хүчтэйгал дээр буцалгаж байгаад тогооноос чимээ гарахад галаа багасган 2 минут байлгаж байгаад галаа унтраана.
⑥ Уур нь гарсны дараа тагийг онгойлгож будааны халбагаар хутгана.
⑦ Хөрсний дараа идэхэд тохиромжтой хэрчинэ.

오징어 무말랭이 무침

萝卜干拌鱿鱼
イカと切り干し大根の和えもの
Mực trộn củ cải khô (Ô chinh ơ mu ma leng y mu trim)
Ужино мумаллэни мучим

❀ ❀ ❀ ❀ **재료**

무말랭이 50g, 고춧잎 말린 것 20g, 오징어채 20g, 참기름 1t, 통깨 1T
양념①: 간장 3T, 물 3T, 설탕 1T, 생강 1/2T
양념②: 고춧가루 2T, 마늘 1t, 물엿 1T

❀ ❀ ❀ ❀ **조리방법**

① 무말랭이는 깨끗이 씻어 놓는다.
② 고춧잎을 알맞게 불려서 꼭 짜둔다.
③ 오징어채를 준비한다.
④ 양념①을 끓여서 식힌 후 양념②를 넣는다.
⑤ 무말랭이, 고춧잎, 오징어를 넣어 버무린 후에 참기름과 통깨로 양념한다.

❀❀❀❀ **材料**

干萝卜条 50g，干辣椒叶 20g，鱿鱼丝 20g，香油 1汤匙，芝麻 1汤匙
调料①：酱油 3汤匙，糖 1汤匙，生姜 1/2汤匙
调料②：辣椒粉 2汤匙，蒜末 1汤匙，糖稀 1汤匙

❀❀❀❀ **料理方法**

① 把干萝卜条洗干净。
② 把辣椒叶泡好，然后除去水分。
③ 准备好鱿鱼丝。
④ 把作料①放入锅里加热，冷却后，放入作料②。
⑤ 把干萝卜条、辣椒叶和鱿鱼丝放进去，搅拌后，再加入香油和芝麻搅拌均匀即可。

❀❀❀❀ **材料**

切り干し大根 50g、干した唐辛子の葉 20g、千切りしたイカ　20g、胡麻油 1t、ごま 1T
味付け①：醬油 3T、水 3T、砂糖 1T、生姜 1/2T
味付け②：唐辛子の粉 2T、ニンニク 1t、水飴 1T

❀❀❀ **料理方法(レシピ)**

① 切り干し大根はきれいに洗っておく。
② 干した唐辛子の葉をふやかして適当に切っておく。
③ イカを切っておく。
④ 味付け ①を煮てさました後②を入れる。
⑤ 切り干し大根、唐辛子の葉、イカを入れて和えた後、胡麻油とごまで味付けする。

❀❀❀❀ **Nguyên liệu**

50g củ cải khô (mu ma lengy), 20g lá ớt khô (kô tru nịp), 20g mực xé, 3 thìa dầu vừng (trăm ki rưm), 1 thìa vừng
Gia vị①: 3 thìa xì dầu, 3 thìa nước, 1 thìa đường, 1/2 thìa gừng
Gia vị②: 2 thìa ớt bột, 1 thìa tỏi, 1 thìa đường cô (mul iệt)

❀❀❀❀ **Cách làm**

① Củ cải khô rửa sạch.
② Lá ớt khô ngama vào nước, khi đủ mềm thì vớt ra vắt kiệt nước.
③ Chuẩn bị sẵn mực xé.
④ Đun gia vị① lên rồi để nguội và đổ vào ②
⑤ Cho củ cải khô, lá ớt, mực vào rồi trộn đều lên, sau đó cho dầu vừng và vừng vào là được.

❀❀❀❀ **Орц**

хатаасан цагаан манжин 50гр, хатаасан чинжүүний иш 20гр, хатаасан далайн арваалж 20гр, гүнжидийн тос 1 ц/х, үр 1 х/х
Амтлагч①: удаан дарсан цуу 3х/х, элсэн чихэр 1х/х, ус 3х/х, цагаан гаа 1/2 х/х
Амтлагч②: нунтаг чинжүү 2х/х, сармис 1 ц/х, сахарын ёд 1 х/х

❀❀❀❀ **Хоол хийх арга**

① Хатаасан цагаан манжинг сайтар угаана.
② Хатаасан чинжүүний ишийг усанд дэвтээж шүүсгүй болтол базна.
③ Хатаасан далайн арваалж бэлдэнэ.
④ Амтлагч①ийг буцалгаж хөргөсний дараа амтлагч②ийг хийнэ.
⑤ Хатаасан цагаан манжин, хатаасан чинжүүний иш, хатаасан далайн арваалжаа хийж хутгасны дараа гүнжидийн тос үрээо амтлана.

오징어볶음

炒鱿鱼
イカの炒め物
Mực xào (Ô chinh ơ bộc kưm)
Ужино бугым (Далайн арваалжны хуурга)

❀❀❀❀ **재료**

오징어 2마리, 양파 30g, 풋고추 2개, 붉은 고추2개, 대파 1뿌리
양념장: 고추장 2T, 고춧가루 2T, 다진 마늘1T, 간장 1T, 설탕 1/2T, 생강 1t, 참기름 1t, 통깨 조금

❀❀❀❀ **조리방법**

① 오징어는 껍질을 벗기고 깨끗이 씻어 안쪽에 0.2cm 간격으로 대각선으로 칼집을 넣은 다음 가로 4cm, 세로 1.5cm
   정도로 자 른다.
② 양파는 굵게 채 썰고 풋고추, 붉은 고추는 0.5cm로 어슷하게 썰어 속에 있는 씨를 털어 낸다.
③ 대파는 어슷하게 썬다.
④ 팬에 기름을 두르고 양파, 오징어, 양념장을 차례로 넣어 볶는다.
⑤ 풋고추와 붉은 고추, 파를 넣고 참기름을 넣어 마무리한다.

❀❀❀❀ 材料

鱿鱼 2条，洋葱 30g，青辣椒 2个，红辣椒 2个，大葱 1根

调料：辣椒酱 2汤匙，辣椒粉 2汤匙，蒜末 2汤匙，酱油 1汤匙，糖1/2汤匙，生姜末 1汤匙，香油 1汤匙，
芝麻 少许

❀❀❀❀ 料理方法

① 鱿鱼去皮后洗干净，然后在内测，按对角线间隔0.2cm切刀花儿，再按横4cm，宽1.5cm大小切好。
② 洋葱切丝，青辣椒、红辣椒去籽，切成0.5cm的同等大小。
③ 大葱均匀切好。
④ 炒锅里倒油，放入洋葱、鱿鱼，把调料按顺序加进去，炒一下儿。
⑤ 放入青、红辣椒，葱和香油，翻炒一下即可。

❀❀❀❀ 材料

イカ 2はい、玉ねぎ 30g、青唐辛子 2個、紅唐辛子 2個、長ねぎ 1本

たれ：コチジャン 2T、唐辛子粉 2T、ニンニクのみじん切り 2T、醤油 1T、砂糖 1/2T、生姜 1t、胡麻油 1t、ごま少量

❀❀❀❀ 料理方法(レシピ)

① イカは皮をむいてきれいに洗って内側に 0.2cm 間隔で対角線に切れ目を入れる。横4cm 縦 1.5cm 程度に切る。
② 玉ねぎは太く千切りにして、青唐辛子、赤い唐辛子は 0.5cmの太さに斜めに切って種を除く。
③ 長ねぎは斜めに切る。
④ フライパンに油をひいて玉ねぎ、イカ、たれを順に入れて炒める。
⑤ 青唐辛子、赤唐辛子、長ねぎを入れて最後に胡麻油を入れて仕上げる。

❀❀❀❀ Nguyên liệu

2 con mực, 30 g hành tây, 2 quả ớt xanh, 2 quả ớt đỏ, 1 phần thana trắng hành lá lớn daepa (đê pha)

Gia vị: 2 thìa gochujang (kô tru chang), 2 thìa ớt bột, 2 thìa tỏi băm, 1 thìa xì dầu, 1/2 tìa đường, 1 thìa gừng,
1 thìa dầu vừng (trăm ki rưm), một chút vừng

❀❀❀❀ Cách làm

① Mực lột vỏ, rửa sạch rồi rạch đan chéo bên phải và bên trái vào phía trong thân mực sau đó thái miếng có độ
dài là 4cm, độ rộng là 1.5cm.
② Hành tây thái lát dầy, ớt xanh, ớt đỏ thái lát dày khoảng 0.5cm rồi giũ hết hạt ra.
③ Hành lá to thái lát.
④ Cho dầu ăn vào chảo rồi cho theo thứ tự hành tây, mực, gia vị vào rồi xào lên.
⑤ Cho ớt xanh, ớt đỏ và hành vào cùng dầu vừng rồi trộn lên là được.

❀❀❀❀ Орц

Далайн арваалж 2 ширхэг, сонгино 30 гр, ногоон улаан чинжүү 2-2 ш, ногоон сонгино 1 ш,

Амтлагч: Чинжүүн жан 2х/х, нунтаг чинжүү 2х/х, татсан сармис 2х/х, цуу 1х/х, элсэн чихэр 1/2 х/х, цагаан гаа 1
ц/х, гүнжидийн тос 1ц/х, үр бага зэрэг

❀❀❀❀ Хоол хийх арга

① Далайн арваалж хальсалж сайтар угаасны дараа урт 4см, өргөн 1.5см-тэй хэрчинэ.
② Сонгиныг бүдүүн хэрчиж, улаан ногоон чинжүүг 0.5см-р ташуу хэрчинэ.
③ Ногоон сонгиног ташуу хэрчинэ.
④ Хайруулын тавгаа тослоод сонгино, далайн арваалж, амтлагчаа хийж хутгана.
⑤ Улаан ногоон чинжүүнд сонгино гүнжидийн тос хийж холино.

잡채

杂菜
チャプチェ
Miến trộn (Chạp tre)
Чабжэ

❀ ❀ ❀ ❀ **재료**

당면 50g, 돼지고기(앞다리 살) 100g, 오이 1개, 당근 1/4개, 양파 1/2개, 표고버섯 3장(느타리버섯이나 목이버섯 가능), 붉은 고추 2개
고기양념: 간장 1/2T, 설탕 1t, 다진 파 1/2T, 다진 마늘 1t, 다진 생강 1/2t, 참기름 1t, 후추
잡채양념: 간장 3T, 다진 마늘 1t, 설탕 1T, 참기름 1T, 통깨 조금

❀ ❀ ❀ ❀ **조리방법**

① 모든 재료를 채를 썰어 각각 식용유에 볶아 식혀둔다.
② 당면은 삶아 채에 건져 물기를 빼서 준비한다.
③ 팬에 잡채 양념을 넣고 끓이다가 삶은 당면을 넣어 갈색이 나게 볶는다.
④ 넓은 그릇에 볶아 놓은 야채와 당면, 참기름, 통깨, 후추를 넣어 무친다.

❀❀❀❀ 材料

粉条 50g，猪肉(前腿肉) 100g，黄瓜 1个，胡萝卜1/4个，洋葱 1/2个，香菇 3颗(糙皮侧耳蘑菇或者木耳都可)，
红辣椒 2个
肉调料：酱油 1/2汤匙，糖 1汤匙，葱花 1/2汤匙，蒜末 1汤匙，生姜末 1/2汤匙，香油 1汤匙，胡椒粉
杂菜调料：酱油 3汤匙，蒜末 1汤匙，糖 1汤匙，香油 1汤匙，芝麻 少许。

❀❀❀❀ 料理方法

① 所有的材料都切成丝，然后分别用油炒熟。
② 粉条煮好，捞出来，除去水分。
③ 在煎锅里放入杂菜调料，烧热后，把煮好的粉条放入锅里，炒出颜色。
④ 把炒好的蔬菜、粉条、香油，芝麻和胡椒粉放入比较大的容器里，拌均匀即可。

❀❀❀❀ 材料

春雨 50g、豚肉(前足) 100g、きゅうリ 1個、にんじん 1/4個、たまねぎ 1/2個、シイタケ 3枚
(ひらたけやきくらげでも可能)、紅唐辛子 2個
肉用味付け調味料：醤油 1/2T、砂糖 1t、ねぎのみじん切リ 1/2T、ニンニクのみじん切リ 1t、
生姜のみじん切リ 1/2t、胡麻油 1t、胡椒
チャプチェ用味付け調味料：醤油 3T、ニンニクのみじん切リ 1t、砂糖 1T、胡麻油 1T、ごま少量

❀❀❀❀ 料理方法(レシピ)

① 全ての材料は細く切ってそれぞれ食用油で炒めてさましておく。
② 春雨はゆでて湯からあげ水気を切る。
③ フライパンににチャプチェ用味付け調味料を入れて熱しゆでた春雨を入れて春雨が茶色になるまで炒める。
④ 大きい器に炒めておいた野菜と春雨、胡麻油、ごま、胡椒を入れて和える。

❀❀❀❀ Nguyên liệu

50g miến (đang miên), 100g thịt lợn (loại thịt vai: áp ta ri sal), 1 củ dưa chuột, 1/4 củ cà rốt, 1/2 củ hành tây, 3 cái
nấm hương (phiô kô bơ sớt) hoặc nấm neutari (nư tha ri bơ sớt), mộc nhĩ (sớc cô bơ sớt) đều được, 2 quả ớt đỏ.
Gia vị ướp thịt: 1/2 thìa xì dầu, 1/2 thìa hành băm, 1 thìa tỏi băm, 1 thìa đường, 1/2 thìa gừng, 1 thìa dầu vừng (trăm
ki rưm), hạt tiêu
Gia vị xào miến: 3 thìa xì dầu, 1 thìa tỏi băm, 1 thìa đường, 1 thìa dầu vừng (trăm ki rưm), một chút vừng

❀❀❀❀ Cách làm

① Mọi nguyên liệu thái sợi rồi xào từng loại lên rồi để nguội.
② Miến luộc chín rồi vớt ra giá để ráo nước.
③ Cho gia vị xào miến vào chảo, đun lên rồi cho miến vào xào đến khi miến có màu ánh nâu.
④ Cho các loại rau củ đã xào sẵn cùng miến xào, dầu vừng, vừng, hạt tiêu vào một bát đáy rộng rồi trộn đều lên..

❀❀❀❀ Орц

Пүнтүүз 50гр, гахайн мах 100гр, өргөст хэмх 1ш, лууван 1/4ш, сонгино 1/2 ш, пюгу мөөг 3ш, улаан чинжүү 2ш
Махны амтлагч: удаан дарсан цуу 1/2 х/х, элсэн чихэр 1 ц/х, хэрчсэн сонгино 1/2 х/х, татсан сармис 1ц/х, цагаан
гаа 1/2 ц/х, гүнжидийн тос 1ц/х, перец
Пүнтүүзний амтлагч: удаан дарсан цуу 3 х/х, татсан сармис 1ц/х, элсэн чихэр 1 х/х, гүнжидийн тос 1х/х, үр бага зэрэг

❀❀❀❀ Хоол хийх арга

① Бүх ногоогоо нарийн хэрчиж тус тусад нь хуурна.
② Пүнтүүзээ чанаж усыг сойно.
③ Хайруулын тавганд пүнтүүзний амтлагчаа хийж буцалгасны дараа пүнтүүзээ хийж хуурна.
④ Саванд ногоо пүнтүүз гүнжидийн тос үрээ хийж хутгана.

추어탕

泥鰍汤
チュオタン（どじょう汁）
Súp trạch (Tru o thang)
Чүотан (Чимхүүр загасны шөл)

❀❀❀❀ **재료**

미꾸라지 600g, 얼갈이배추 200g, 부추 100g, 고사리 100g, 깻잎 2장, 붉은 고추 1개, 풋고추 2개, 다진 마늘 2T, 다진 생강 1/2T,
생강 2쪽, 된장 3T, 소금 · 후추 · 산초가루 조금
나물양념: 다진 마늘 3T, 들깨가루 3T, 고운 고춧가루 2T, 소금 1t, 후추

❀❀❀❀ **조리방법**

① 살아 있는 미꾸라지에 굵은소금을 뿌리고 뚜껑을 덮어둔다.
② ①을 흐르는 물에 깨끗이 씻는다.
③ 끓는 물에 미꾸라지와 생강을 넣고 삶는다.
④ 삶은 미꾸라지는 으깨어 가며 채에 내린다.
⑤ 얼갈이배추는 삶아서 물기를 짜고 5cm 길이로 썰어 둔다.
⑥ 고사리는 삶아서 짧게 자른다. 깻잎은 잘게 썰고 고추는 굵게 다진다.
⑦ 얼갈이배추와 고사리를 나물양념으로 무친다.
⑧ ④에 된장을 풀어 넣고 끓으면 ⑦과 부추를 넣고 푹 끓인다.
⑨ 다진 마늘, 생강을 넣고 소금, 후추로 간을 한다.
⑩ 풋고추, 붉은 고추, 굵은 파, 산초가루는 따로 낸다.

❋❋❋ 材料

泥鳅 600g，冬天种的白菜 200g，韭菜 100g,，蕨菜 100g，芝麻叶 2叶，红辣椒 1个，青辣椒 2个，蒜末 2汤匙，生姜末 1/2汤匙，生姜 2瓣，黄酱 3汤匙，盐、胡椒粉、山椒粉 少许
野菜调料：蒜末 3汤匙，苏子粉末 3汤匙，辣椒粉 2汤匙，盐 1汤匙，胡椒粉

❋❋❋ 料理方法

① 在活泥鳅鱼上撒上粒盐，然后盖上盖子。
② 把①用水冲洗干净。
③ 把泥鳅鱼放在开水里，放入生姜，开始煮。
④ 把煮好的泥鳅鱼捣碎。
⑤ 白菜煮后除去水分，然后切成5cm长短。
⑥ 蕨菜煮后，切成小份，芝麻叶切成小份，辣椒大概切碎。
⑦ 用野菜调料把白菜和蕨菜拌一下儿。
⑧ 在④中放入黄酱，煮以后，把⑦和韭菜放进去再煮一下儿。
⑨ 放入蒜末、生姜末、盐和胡椒粉调味儿。
⑩ 分别放入青辣椒、红辣椒、葱和山椒粉，即完成。

❋❋❋ 材料

どじょう 600g、冬の白菜 200g、にら 100g、ワラビ 100g、ごまの葉 2枚、紅唐辛子 1個、青唐辛子 2個、ニンニクのみじん切り 2T、生姜のみじん切り 1/2T、生姜 2切り、みそ 3T、塩・胡椒・山椒の粉少量
ナムル用味付け調味料：ニンニクのみじん切り 3T、えごまの粉 3T、唐辛子の粉 2T、塩 1t、胡椒

❋❋❋ 料理方法(レシピ)

① 生きているどじょうにあら塩を振りふたで覆っておく。
② ①を流水できれいに洗う。
③ 沸騰している湯にどじょうと生姜を入れて煮る。
④ 煮たどじょうはつぶして細かくする。
⑤ 白菜はゆでて水気を取って 5cmの長さに切る。
⑥ ワラビはゆでて短く切る。ケンニプは刻んで唐辛子は太く切る。
⑦ 白菜とワラビをナムル用味付け調味料で和える。
⑧ ④にみそを解いて入れて煮たら⑦とにらを入れてさらによく煮込む。
⑨ ニンニクのみじん切り、生姜を入れて塩、胡椒で味を調節する。
⑩ 青唐辛子、紅唐辛子、太く切った長ねぎ、山椒の粉を別に添えて出す。

❋❋❋ Nguyên liệu

600g trạch (mi ku ra chi), 200g cải xanh (ơl kan be tru), 100g hẹ, 100 gosari (kô sa ri), 2 lá kenip (ken nhíp), 1 quả ớt xanh, 1 quả ớt đỏ, 2 thìa tỏi băm, 1/2 thìa gừng, 2 miếng gừng, 3 thìa tương, một chút muối, hạt tiêu, bột hạt sancho (san trô)
Gia vị trộn rau: 3 thìa tỏi băm, 3 thìa bột vừng mè (chưl ke ka ru), 2 thìa ớt bột mịn, 1 thìa muối, hạt tiêu

❋❋❋ Cách làm

① Rắc muối hạt lên trạch sống rồi đậy nắp vung lại.
② Rửa sạch ① dưới vòi nước chảy.
③ Cho trạch và gừng vào nước sôi rồi luộc lên.
④ Trạch đã luộc nghiền nát ra, lọc kĩ.
⑤ Cải xanh luộc lên, vớt ra rồi vắt kiệt nước sau đó cắt thành đoạn dài khoảng 5cm.
⑥ Rau gosari luộc lên rồi cắt đoạn ngắn. Lá kenip thái nhỏ, ớt băm vừa.
⑦ Cải xanh và rau gosari trộn cùng gia vị trộn rau.
⑧ Nghiền tương vào ④ rồi đun sôi lên, sau đó cho ⑦ và hẹ vào đun thật kĩ lên.
⑨ Cho tỏi, gừng băm vào rồi cho muối, hạt tiêu vào nêm cho vừa.
⑩ Ớt xanh, ớt đỏ, hành và bột hạt sancho bày riêng.

❋❋❋ Орц

чимхүүр загас 600гр, байцаа 200гр, жуучай 100гр, гусари 100гр, навч 2ш, улаан чинжүү 1ш, ногоон чинжүү 2ш, нунтагласан сармис 2 халбага, нунтагласан гаа тал халбага, цагаан 2, туэнжан/шар буурцагны жан/ 3халбага, давс, нунтаг чинжүү, нунтаг өвс бага зэрэг
Амтлагчны орц: нунтагласан сармис 3халбага, нунтагласан гүнжид 3халбага, нунтаг чинжүү 2халбага, давс 1 халбага, перц

❋❋❋ Хоол хийх арга

① Чимхүүр загасаа амьдаар нь давслаад саванд таглаж тавина.
② ① агасаа усанд зайлж угаана.
③ Буцалж байгаа усанд загасаа хийгээд дээрээс нь цагаан гаа хий чанана.
④ Болсон загасаа нуха.
⑤ Байцаагаа чанаад усыг нь шавхаад 5см орчим урттайгаар хэрчинэ.
⑥ Гусарыгаа чанаад богино хэрчинэ. Навчаа богино хэрчээд нунтаг чинжүү цацна.
⑦ Байцаагаа гусаритай холиод хачиртайгаа хутгана.
⑧ ④-дээрээ туэнжан хийж буцлахаар нь ⑦ болон жуучайгаа хийж буцалгана.
⑨ Нунтагласан сармис, цагаан гаа, давс, перц хийж амтална.
⑩ Ногоон чинжүү, улаан чинжүү, ногоон сонгино, өвсний нунтагаа тусд нь хийнэ.

겨울
冬天
冬
Mùa đông
Өвөл

계란찜

鸡蛋糕
ケランチム(韓国風茶碗蒸し)
Trứng hấp (Kyê ran chim)
Гэран жим (Жигнэсэн өндөг)

❀ ❀ ❀ ❀ **재료**

계란 4개, 새우젓 1T, 쪽파 2뿌리, 다진 마늘 1/2T, 다진 생강 1/2t, 고춧가루 1/2t, 물 1컵

❀ ❀ ❀ ❀ **조리방법**

① 계란은 잘 풀어서 물과 섞는다.
② 잘게 썬 쪽파와 다진 마늘, 다진 생강, 고춧가루, 새우젓을 넣어 고루 섞는다.
③ 김이 오른 찜통에 넣어 10분 정도 찐 다음 불을 끄고 10분 정도 놓아둔다.

❋ ❋ ❋ ❋ **材料**

鸡蛋 4个，虾酱 1汤匙，小葱 2根，蒜末 1/2汤匙，生姜末1/2汤匙，辣椒粉 1/2汤匙，水 1杯

❋ ❋ ❋ ❋ **料理方法**

① 把鸡蛋打碎，加水搅拌。
② 把切好的葱花、蒜末，生姜末、辣椒粉和虾酱放在一起，搅拌均匀。
③ 放入蒸锅蒸，10分钟左右以后关火，再放置10分钟左右后即可食用。

❋ ❋ ❋ ❋ **材料**

卵 4個、あみの塩辛 1T、わけぎ 2本、ニンニクのみじん切リ 1/2T、生姜のみじん切リ 1/2t、
唐辛子の粉 1/2t、水 1カップ

❋ ❋ ❋ ❋ **料理方法(レシピ)**

① 卵をわりほぐし水をまぜる。
② 刻んだわけぎとニンニクのみじん切リ、生姜のみじん切リ、唐辛子の粉、あみの塩辛を入れてよくまぜる。
③ 湯気が上がった蒸し器に入れて 10分位蒸した後 火を消して 10分位置いておく。

❋ ❋ ❋ ❋ **Nguyên liệu**

4 quả trứng, 1 thìa mắm tôm (se u chợt), 2 phần thân trắng hành lá nhỏ jokpa (chốc pha), 1/2 thìa tỏi băm nhỏ, 1/2 thìa gừng băm nhỏ, 1/2 thìa ớt bột, 1 cốc nước

❋ ❋ ❋ ❋ **Cách làm**

① Sau khi đánh đều trứng lên thì hòa thêm nước vào.
② Cho hành thái nhỏ cùng tỏi băm, gừng băm, ớt bột, mắm tôm vào rồi trộn đều lên.
③ Cho vào nồi hấp, hấp khoảng 10 phút thì tắt bếp, đợi thêm 10 phút lấy ra là được.

❋ ❋ ❋ ❋ **Орц**

Θндθг 4 ширхэг, сам хорхойны жод 1 хоолны халбага, таримал ногоон сонгино 2 ширхэг, татсан сармис 1/2 хоолны халбага, татсан цагаан гаа 1 цайны халбага, чинжүүн нунтаг

❋ ❋ ❋ ❋ **Хоол хийх арга**

① Θндгийг сайтар хутгаад усанд холино.
② Жижиглэж хэрчсэн таримал ногоон сонгино, татсан цагаан гаа, сам хорхойны жод, чинжүүн нунтгаа холин сайтар хутгана.
③ Жигнэх савандаа хийж 10 минут жигнэсний дараа галаа унтраан 10 минут орчим байлгана.

돌미나리 생채

凉拌水芹菜

トルミナリ　センチェ

Nôm rau cần dại (Đôl mi na ri seng tre)

Дул минари сэнчэ (Зэрлэг минарийн шанцай)

✿ ✿ ✿ **재료**

돌미나리 200g

생채양념: 국간장 2T, 붉은 고추 1개, 쪽파 3뿌리, 다진 마늘 1/2T, 참기름 1/2T, 통깨 조금

✿ ✿ ✿ **조리방법**

① 손질한 미나리는 먹기 좋은 길이로 자른다.

② 양념장을 만든다.

③ 먹기 직전에 무친다.

❀❀❀❀ 材料

水芹菜 200g

凉拌材料：浓酱油 2汤匙，红辣椒 1个，小葱 3根，蒜末 1/2汤匙，香油 1/2汤匙，芝麻 少许

❀❀❀❀ 料理方法

① 把水芹菜切成适当长短。

② 准备调味酱。

③ 食用之前凉拌即可。

❀❀❀❀ 材料

セリ 200g

合わせ調味料：醤油 2T、紅唐辛子 1個、わけぎ 3本、ニンニクのみじん切り 1/2T、胡麻油 1/2T、ごま少量

❀❀❀❀ 料理方法(レシピ)

① きれいに洗ったセリは食べやすい長さで切る。

② たれを作る。

③ 食べる直前にたれの材料をあえる。

❀❀❀❀ Nguyên liệu

200g rau cần thân cứng

Gia vị nộm: 2 thìa xì dầu nấu canh, 1 quả ớt đỏ, 3 phần thân trắng hành lá nhỏ jokpa (chốc pha), 1/2 thìa tỏi băm, 1/2 thìa dầu vừng (trăm ki rưm), một chút vừng rang

❀❀❀❀ Cách làm

① Cần rửa sạch cắt thành đoạn nhỏ vừa ăn.

② Làm gia vị.

③ Ngay trước khi ăn trộn cần với gia vị là được.

❀❀❀❀ Орц

Зэрлэг минари 200гр

Шанцайн амтлагч: Шөлний цуу 2 хоолны халбага, улаан чинжүү 1 ширхэг, таримал ногоон сонгино 3 ширхэг, татсан сармис 1/2 хоолны халбага, гүнжидийн тос 1/2 хоолны халбага, гүнжид бага зэрэг

❀❀❀❀ Хоол хийх арга

① Цэвэрлэсэн зэрлэг минариг идэхдээ тохируулан хэрчинэ.

② Амтлагчаа бэлдэнэ.

③ Зэрлэг минариндаа амтлагчаа хийж хутгана.

동태찌개

明太鱼汤
トンテチゲ（冷凍スケトウダラのチゲ）
Canh cá dongtae (Đông the chi ce)
Дунтэ жигэ (Дунтэ загасны шөл)

❋ ❋ ❋ ❋ **재료**

동태 1마리, 무 1/4개, 대파 1/2뿌리, 두부 1/2모, 다진 마늘 1/2T, 고춧가루 1T, 다진 생강 1t, 멸치국물 4컵, 소금 조금

❋ ❋ ❋ ❋ **조리방법**

① 동태는 해동시켜 내장을 말끔히 제거한 후 토막을 낸다.
② 무를 납작하게 썬다.
③ 멸칫국물에 무를 넣고, 끓으면 동태를 넣는다.
④ 고춧가루는 물을 조금 부어 불려두었다가 준비된 양념과 함께 ③에 넣고 끓인다.
⑤ 두부와 파를 넣는다.

❀❀❀❀ 材料

冻明太鱼 1条，萝卜 1/4个，大葱1/2根，豆腐1/2块，蒜末 1/2汤匙，辣椒粉 1汤匙，生姜末 1汤匙，鳀鱼小银鱼汤 4杯，盐 少许

❀❀❀❀ 料理方法

① 明太鱼解冻，收拾干净，然后切成段。
② 把萝卜切成均匀的厚片儿。
③ 把萝卜放入鳀鱼汤里煮一会儿，煮开后，再放入明太鱼。
④ 辣椒粉中加一点儿水，把准备好的调料一起放入③中煮。
⑤ 再加入豆腐和葱花，即可。

❀❀❀❀ 材料

冷凍スケトウダラ 1匹、大根 1/4個、長ねぎ 1/2 本、豆腐 1/2丁、ニンニクのみじん切り 1/2T、唐辛子の粉 1T、 生姜のみじん切り 1t、いわしのスープ 4コップ、塩　少量

❀❀❀❀ 料理方法(レシピ)

① 冷凍スケトウダラ は解凍させて切り身にしてきれいにする。
② 大根を平たく切る。
③ いわしのスープに大根を入れて、 煮立ったら冷凍スケトウダラを入れる。
④ 唐辛子の粉は水を少し入れ浸しておいて、 用意した合わせ調味料とともに ③に入れて煮る。
⑤ 豆腐となが葱を入れる。

❀❀❀❀ Nguyên liệu

1 con cá dongtae (đông the), 1/4 củ cải, 1/2 phần thân trắng hành lá to daepa (đê pha), 1/2 bìa đậu phụ, 1/2 thìa tỏi băm nhỏ, 1 thìa ớt bột, 1 thìa gừng băm nhỏ, 4 cốc nước hầm cá cơm (miêl tri), một chút muối

❀❀❀❀ Cách làm

① Làm tan đá cá dongtae, chặt thành khúc rồi làm sạch cá.
② Thái củ cải dầy vừa đủ.
③ Cho củ cải vào nước hầm cá cơm, đun sôi lên thì cho cá vào.
④ Cho một chút nước vào ớt bột, hòa đều lên rồi cho vào ③ cùng với gia vị đã được chuẩn bị sẵn và đun sôi lên.
⑤ Cho đậu phụ và hành vào.

❀❀❀❀ Орц

Дунтэ загас 1ширхэг, цагаан манжин 1/4 ширхэг, ногоон сонгино (үндэс) 1/2ширхэг, дуфу 1/2 ширхэг, татсан сармис 1/2 хоолны халбага, чинжүүн нунтаг 1 хоолны халбага, татсан цагаан гаа 1 цайны халбага, мёлчи загасны шөл 4 аяга, давс бага зэрэг

❀❀❀❀ Хоол хийх арга

① Дунтэ загасыг цэвэрлэн жижиглэж хэрчинэ.
② Цагаан манжинг хавтай хэрчинэ.
③ Мёлчи загасны шөлөнд цагаан манжингаа хийж буцалсаны дараа дунтэ загасаа хийнэ.
④ Чинжүүний нунтаганд ус хийсний дараа бэлдсэн амтлагчаа хийгээд дунтэ загастай шөлөө хийж буцалгана.
⑤ Дуфу, сонгиноо хийнэ.

묵은김치 돼지고기찜

炖猪肉
豚肉の煮物
Thịt lợn hầm (Tuê chi ko ki chim)
Дуэжи гуги жим (Жигнэсэн гахайн мах)

❀❀❀❀ **재료**

돼지고기(목살) 600g, 묵은 김치 2쪽, 쪽파 10뿌리
양념: 고춧가루 3T, 다진 마늘 2T, 다진 생강 1T, 설탕 조금(김치의 신맛 조절)

❀❀❀❀ **조리방법**

① 묵은 김치는 양념을 털어낸다.
② 돼지고기는 두툼하게 토막을 낸다.
③ 냄비에 김치를 깔고 고기를 넣은 다음 남은 김치로 덮어준다.
④ 양념을 넣는다.
⑤ 센 불에 끓이다가 약한 불로 오래 끓인다.
⑥ 고기가 푹 익으면 쪽파를 넣어 잠깐 끓여준다.

❀❀❀❀ 材料

猪肉(猪脖子肉) 600g，陈辣白菜 2条，小葱 10根

调料：辣椒粉 3汤匙，蒜末 2汤匙，生姜末 1汤匙，糖 少许(调整辣白菜的酸味)

❀❀❀❀ 料理方法

① 把辣白菜上的辅料弄掉。
② 把猪肉均匀切好。
③ 在锅里先铺上一层辣白菜，放入猪肉，再把剩下的辣白菜铺在上面。
④ 加入调料。
⑤ 大火煮开以后，用小火继续炖。
⑥ 猪肉炖熟以后，放入小葱，再炖一会儿即完成。

❀❀❀❀ 材料

豚肉(首肉) 600g、古くなったキムチ 2切り、わけぎ10本

味付け：唐辛子の粉 3T、ニンニクのみじん切り 2T、生姜のみじん切り 1T、砂糖少量(キムチの酸味調節用)

❀❀❀❀ 料理方法(レシピ)

① 古くなったキムチはきれいに洗う。
② 豚肉は分厚い切り身にする。
③ 鍋にキムチを敷いて肉を入れた後残ったキムチで覆う。
④ 味付けの材料をいれる。
⑤ 強火で煮立て、その後弱火で長く煮る。
⑥ 肉が十分にやわらかく煮れればわけぎを入れ、少しだけ火を通す。

❀❀❀❀ Nguyên liệu

600g thịt lợn (nạc vai: mộc sal), 2 phần kimchi chín kĩ, 10 phần thân trắng hành lá nhỏ jokpa (chốc pha)
Gia vị: 3 thìa ớt bột, 2 thìa tỏi băm, 1 thìa gừng băm, một chút đường (để giảm bớt vị chua của kimchi)

❀❀❀❀ Cách làm

① Bỏ hết gia vị ớt dính trên kimchi.
② Thịt lợn thái miếng dày.
③ Trải kimchi vào đáy nồi, cho thịt lên trên, sau đó đậy nốt phầm kimchi còn lại lên trên thịt.
④ Cho gia vị vào.
⑤ Cho lửa to, đun sôi lên thì giảm nhỏ lửa và tiếp tục ninh cho nhừ.
⑥ Khi thịt đã chín nhừ thì cho hành vào đun thêm một chút là được.

❀❀❀❀ Орц

Гахайн мах (хүзүүний мах) 600гр, удаан дарсан кимчи 2 ширхэг, таримал ногоон сонгино 10 ширхэг
Амтлагч: Чинжүүн нунтаг 3 хоолны халбага, татсан сармис 2 хоолны халбага, татсан цагаан гаа 1 хоолны халбага, элсэн чихэр бага зэрэг (кимчиний гашуун амтыг дарахын тулд хэрэглэнэ)

❀❀❀❀ Хоол хийх арга

① Удаан дарсан кимчиний амтлагчыг зайлж арилгана.
② Гахайн махаа өргөн том хэрчинэ.
③ Тогоонд кимчигээ дэлгэж тавьсны дараа махаа хийн кимчи дээр нь дахин тавина.
④ Амчлагчаа хийнэ.
⑤ Хүчтэй галаар буцалгасны дараа зөөлөн гал дээр удаан буцалгана.
⑥ Мах нь ялз болсны дараа таримал ногоон сонгиноо хийн буцалгана.

두부조림

豆腐
焼き豆腐
Đậu phụ rim (Đu bu chô rim)
Дуфγ журим (Жигнэсэн дуфγ)

❀❀❀❀ **재료**

두부 1모, 소금 조금, 식용유 2T
양념장: 진간장 3T, 고춧가루 1T, 풋고추 2개, 붉은 고추 1개, 다진 파 1T, 다진 마늘 2t, 참기름 1t

❀❀❀❀ **조리방법**

① 두부는 반으로 잘라 두툼하게 썰어 소금을 뿌려 단단하게 한다.
② 기름을 두른 팬에 노릇노릇하게 굽는다.
③ 지져 낸 두부에 양념장을 넣고 조린다.

❀ ❀ ❀ ❀ **材料**

豆腐 1块，盐 少许，食用油 2汤匙

调味酱：浓酱油 3汤匙，辣椒粉 1汤匙，青辣椒 2个，红辣椒 1个，葱花 1汤匙，蒜末 2汤匙，香油 1汤匙

❀ ❀ ❀ ❀ **料理方法**

① 把豆腐切开一半，切成大小合适的豆腐块儿，然后在豆腐上撒一点儿盐。

② 在倒好油的锅里，煎豆腐。

③ 在煎好的豆腐上撒上刚才做好的调味酱，即可食用。

❀ ❀ ❀ ❀ **材料**

豆腐 1丁、塩少量、食用油 2T

合わせ調味料：濃い口醤油 3T、粉末唐辛子 1T、青唐辛子 2個、紅唐辛子 1個、ねぎのみじん切り 1T、
　　　　　　ニンニクのみじん切り 2t、ごま油 1t

❀ ❀ ❀ ❀ **料理方法(レシピ)**

① 豆腐は半分に切った後分厚く切り 塩を振り水気をとる。

② 油をひいたフライパンで豆腐をこんがリと焼く。

③ 焼き豆腐にたれをかける。

❀ ❀ ❀ ❀ **Nguyên liệu**

1 bìa đậu, một ít muối, 2 thìa dầu ăn.

Gia vị: 3 thìa xì dầu, 1 thìa ớt bột, 2 quả ớt xanh, 1 quả ớt đỏ, 1 thìa hành băm, 2 thìa tỏi băm nhỏ ,
　　　1 thìa dầu vừng (trăm ki rưm)

❀ ❀ ❀ ❀ **Cách làm**

① Đậu phụ chia làm đôi rồi cắt thành miếng dầy, rắc một chút muối lên bề mặt để đậu phụ rắn chắc.

② Cho dầu ăn vào chảo hâm nóng rồi rán đậu vàng rộm lên.

③ Cho gia vị chuẩn bị sẵn lên trên đậu đã rán.

❀ ❀ ❀ ❀ **Орц**

Дуфу, бага зэрэг давс, ургамлын тос 2 хоолны халбага

Амтлагч: Удаан дарсан цуу 3 хоолны халбага, чинжүүн нунтаг 1 хоолны халбага, дутуу боловсорсон чинжүү 2
　　　ширхэг, улаан чинжүү 1ширхэг, хэрчсэн сонгино 1 хоолны халбага, татсан сармис 2 цайны халбага,
　　　гүнжидийн тос 1 цайны халбага

❀ ❀ ❀ ❀ **Хоол хийх арга**

① Дуфүг дөрвөлжин хэрчиж давс цацаж хэсэг байлгана.

② Халаасан хайруулын тавганд дуфүгээ шаргал болтол нь шарна.

③ Болсон дуфү дээрээ амтлагчаа түрхэнэ.

땅콩멸치볶음

花生小鱼干(银鱼干)

ピーナッツといわしの炒め物

Cá cơm rang lạc (Tang không miêl tri bộc kưm)

Данкун мёлчи буггым (Хуурсан газрын самартай мёлчи загас)

✳✳✳✳ 재료

볶음용 멸치(중간 크기) 200g, 땅콩 1/2컵, 물엿 3T, 진간장 1T, 식용유 1T, 통깨 조금

✳✳✳✳ 조리방법

① 팬에 식용유를 두르고 뜨거워지면 멸치를 볶다가 땅콩을 넣는다.
② 물엿과 진간장을 넣어 윤기가 나게 한 후 불을 끈다.

❀❀❀❀ 材料

烹炒用银鱼干（中干大小）200g，花生1/2杯，糖稀3汤匙，浓酱油1汤匙，食用油1汤匙，芝麻 少许

❀❀❀❀ 料理方法

① 炒锅里加油，油热以后，放入银鱼干翻炒，然后放入花生。
② 加入糖稀和浓酱油，再进行翻炒至出现色泽，然后关火，即完成。

❀❀❀❀ 材料

炒め物用いわし(中位の大きさ) 200g、ピーナッツ 1/2カップ、水飴 3T、濃い口醤油 1T、食用油 1T、ごま 少量

❀❀❀❀ 料理方法(レシピ)

① フライパンに油をひいて熱しいわしを炒めた後ピーナッツを入れる。
② 水飴と濃い口醤油を入れて照りがでたら火を消す。

❀❀❀❀ Nguyên liệu

200g cá cơm loại để rang (loại to vừa), 1/2 cốc lạc, 3 thìa đường cô (mul yệt), 1 thìa xì dầu, 1 thìa dầu ăn, một chút vừng rang

❀❀❀❀ Cách làm

① Cho dầu ăn vào chảo để nóng lên, cho cá cơm vào rang rồi cho lạc vào rang cùng.
② Cho đường cô và xì dầu vào để cá cơm ánh màu bóng lên thì tắt bếp.

❀❀❀❀ Орц

Мёлчи загас (дунд зэргийн хэмжээтэй) 200гр, газрын самар 1/2 аяга, сахарны ёд 3 хоолны халбага, ургамлын тос 1 хоолны халбага, гүнжидийн үр бага зэрэг

❀❀❀❀ Хоол хийх арга

① Тосолсон хайруулын таваг халсны дараа мёлчи загасаа хуурч дээр нь газрын самраа хийнэ.
② Сахарын ёд, удаан дарсан цуугаа хийж сайтар хутгасны дараа галаа унтраана.

떡갈비

排骨肉饼
トックカルビ
Chả rán (Deok gal bi)
Догкалби (Котлет)

❀❀❀❀ **재료**

소고기 (다진 것) 800g, 대파 2뿌리, 양파 1개, 찹쌀가루 3T
양념: 소금 1/2T, 간장 2T, 청주 3T, 다진 마늘 2T, 다진 생강 1t, 참기름 2t, 후추 조금

❀❀❀❀ **조리방법**

① 대파와 양파는 잘게 다진다.
② 소고기에 ①을 넣고 준비된 양념을 넣어 끈기 있게 반죽한다.
③ 찹쌀가루를 넣고 반죽하여 넓적하게 네모난 모양을 만든다.
④ 기름을 팬에 두르고 약한 불에서 지져낸다.

❄❄❄❄ 材料

牛肉(肉馅) 800g，大葱 2根，洋葱 1个，糯米粉 3汤匙
调料：盐 1/2汤匙，浓酱油 2汤匙，清酒 3汤匙，蒜末 2汤匙，生姜末 1汤匙，香油 2汤匙，胡椒粉 少许

❄❄❄❄ 料理方法

① 把大葱和洋葱切碎。
② 在牛肉中放入①和准备好的调料，然后搅拌均匀。
③ 加入糯米粉做成馅儿，然后把肉馅做成平平的方形小肉饼。
④ 放在油锅里煎好即可食用。

❄❄❄❄ 材料

牛肉(ミンチ) 800g、長ねぎ 2本、たまねぎ 1個、餅米粉 3T
味付け：塩　1/2T、濃い口醤油 2T、日本酒 3T、ニンニクのみじん切り 2T、生姜のみじん切り 1t、
　　　　ごま油2t、胡椒 少量

❄❄❄❄ 料理方法(レシピ)

① 長ねぎとたまねぎは細くきざむ。
② 牛肉に ①を入れて用意した材料を入れて粘り気がでるように練る。
③ さらに餅米粉を入れて練って4たくし四角い形を作る。
④ 油をフライパンにひいてこんがりと焼く。

❄❄❄❄ Nguyên liệu

800g thịt bò (loại băm nhỏ), 2 phần thân trắng hành lá to daepa (đê pha), 1 củ hành tây, 3 thìa bột gạo nếp
Gia vị: 1/2 thìa muối, 2 thìa xì dầu, 3 thìa rượu cheongju (trơng chu), 2 thìa tỏi băm nhỏ, 1 thìa gừng băm
　　　nhỏ, 2 thìa dầu vừng (trăm ki rưm), một chút hạt tiêu

❄❄❄❄ Cách làm

① Băm nhỏ hành và củ hành tây ra.
② Cho thịt bò vào ①, cho gia vị đã chuẩn bị sẵn vào rồi nhào lên cho thật nhuyễn.
③ Cho bột gạo nếp vào, nhào lên rồi nặn thành hình vuông dẹt.
④ Cho dầu ăn vào chảo và rán lên.

❄❄❄❄ Орц

Татсан үхрийн мах 800гр, ногоон сонгино (үндэс) 2ширхэг, сонгино 1ширхэг, наанги будааны нунтаг 3
хоолны халбага
Амтлагч: давс 1/2 хоолны халбага, удаан дарсан цуу 2 хоолны халбага, будааны архи 3 хоолны халбага, татсан сармис
　　　　2 хоолны халбага, татсан цагаан гаа 1 цайны халбага, гүнжидийн тос 2 цайны халбага, перец бага зэрэг

❄❄❄❄ Хоол хийх арга

① Ногоон сонгино, бөөрөнхий сонгиныг жижиглэж хэрчинэ.
② Татсан махандаа сонгино амтлагчаа хийн сайн базна.
③ Наанги будааны нунтгыг махандаа хийж базан дөрвөлжин хэлбэртэй болгоно.
④ Хайруллын тавгаа тослоод шарна.

떡만둣국

年糕饺子汤

トクマンドクク(餅餃子スープ)

Canh Deok mandu (Manđu cục)

Догмандүгүг (Дог банштай шөл)

❀ ❀ ❀ ❀ 재료

떡국용 떡 200g, 대파 1/2뿌리, 계란 1개

만두소: 돼지고기(다진 것) 100g, 두부 1/4모, 배추김치 1/4포기, 숙주나물 100g, 당면 30g

만두소 양념: 소금, 다진 마늘 1/2T, 다진 생강 1t, 후추 조금

만두피: 밀가루 2컵, 소금 조금, 찬물 적당량

장국: 무 100g, 양파 1개, 대파 2뿌리, 국간장 조금

❀ ❀ ❀ ❀ 조리방법

① 만두소를 양념한다.

　- 돼지고기와 으깬 두부, 잘게 썰어 물기를 짠 배추김치와 숙주나물을 소금, 다진 마늘, 다진 생강, 참기름, 후춧가루로 양념
　해 고루 주무른다.

② 밀가루 반죽을 얇게 밀어 동그란 만두피를 준비한다.

③ 만두소를 넣고 꼭꼭 눌러가며 만두를 만든다.

④ 끓는 물에 장국 재료를 넣고 끓인 후 국 간장으로 간을 하여 장국을 준비한다.

⑤ 고명으로 쓸 계란 지단을 부친다.

⑥ 끓는 장국에 떡국용 떡과 만두를 넣는다. 떡과 만두가 위로 떠오르면 어슷하게 썬 파를 넣고 잠깐 끓인 후 계란 고명을 얹
　어 낸다.

❀ ❀ ❀ ❀ 材料

汤用年糕片 200g，大葱 1/2根，鸡蛋 1个
饺子馅：猪肉(肉馅) 100g，豆腐 1/4块，辣白菜 1/4颗，绿豆芽 100g，粉丝 30g
饺子馅调料：盐，蒜末 1/2汤匙，生姜末 1汤匙，胡椒粉 少许
饺子皮：面粉 2杯，盐 少许，凉水 适量
酱汤：萝卜 100g，洋葱 1个，大葱 2根，汤用酱油 少许

❀ ❀ ❀ ❀ 料理方法

① 饺子馅做法。- 把猪肉、捣碎的豆腐、切碎的辣白菜、绿豆芽和煮好的粉丝放在一些，加盐、蒜末、
　　生姜末和胡椒粉，搅拌均匀。
② 把面团擀薄，准备好圆形的饺子皮。
③ 用力按捏，包好饺子。
④ 放入酱汤材料，开锅后，再加入少许汤用酱油调味后，酱汤完成。
⑤ 把煎好的鸡蛋饼切成丝，做装饰用。
⑥ 在煮好的酱汤里放入汤用年糕片和饺子。年糕和饺子漂起来时，加入切好的葱花儿，再煮一会儿，点缀上鸡蛋饼丝即完成。

❀ ❀ ❀ ❀ 材料

スープ用餅　餅200g、長ねぎ 1/2本、卵 1個
餃子あん：豚肉(ミンチ) 100g、豆腐 1/4丁、白菜キムチ 1/4個分、もやし 100g、春雨 30g
餃子あんの味付け：塩、ニンニクのみじん切り 1/2T、生姜のみじん切り 1t、胡椒 少量
餃子の皮：小麦粉 2カップ、塩　少量、冷水適量
スープ：大根 100g、玉ねぎ 1個、長ねぎ 2本、醤油 少量

❀ ❀ ❀ ❀ 料理方法(レシピ)

① 餃子あんの味付けをする。
　- 豚ミンチ肉とつぶした豆腐，刻んでしぼって水分をとった白菜キムチと萌やし、ゆでたはるさめをまぜて　塩、ニンニクのみじん切り、
　　牛姜のみじん切り、胡椒で味付してよくあえる。
② 小麦粉を練っておいたものをちぎってのばし薄く丸くし、餃子の皮をつくる。
③ あんをいれしっかり口をし、餃子をつくる。
④ スープ用材料を入れて煮て醤油で塩加減をしてスープを準備する。
⑤ 飾り用の卵焼きを焼く。
⑥ 煮立ったスープに餅と餃子を入れる．餅と餃子が上に浮び上がったら斜めに切った長ネギを入れてちょっと煮た後薄く切った飾り用の卵
　　焼きをのせて出す。

❀ ❀ ❀ ❀ Nguyên liệu

200g deok dùng nấu canh deok, 1/2 phần thân trắng hành lá to daepa (đê pha), 1 quả trứng
Nhân mandu: 100g thịt lợn (băm nhỏ), 1/4 bìa đậu phụ, 1/4 bắp kimchi cải thảo, 100g giá, 30g miến dangmyeon
Gia vị nhân mandu: Muối, 1/2 thìa tỏi băm nhỏ, 1 thìa gừng băm nhỏ , một chút hạt tiêu
Vỏ mandu: 2 cốc bột mì, một chút muối, một lượng nước lạnh vừa đủ
Canh: 100g củ cải, 1 củ hành tây, 2 phần thân trắng hành lá to daepa (đê pha), một chút xì dầu nấu canh

❀ ❀ ❀ ❀ Cách làm

① Nêm gia vị vào nhân mandu.
　- Cho các gia vị muối, tỏi băm, gừng băm, hạt tiêu vào thịt lợn, đậu phụ đã nghiền nhỏ, kimchi cải thảo và giá, miến luốc và đã
　　thái nhỏ vắt ráo nước rồi trộn đều lên.
② Cán mỏng bột mì đã nhào rồi chuẩn bị sẵn vỏ mandu theo hình tròn.
③ Cho nhân vào vỏ, nhấn chắc lại làm thành mandu
④ Chuẩn bị canh bằng cách cho các nguyên liệu nấu canh vào, đun sôi lên rồi cho xì dầu nấu canh vào.
⑤ Rán riêng lòng trắng và lòng đỏ trứng rồi thái chỉ để bầy lên trên bát canh.
⑥ Cho deok dùng nấu canh deok và mandu vào canh đang sôi. Khi deok và mandu chín nổi lên mặt canh thì cho hành thái lát chéo
　　vào, đun thêm một lúc nữa thì bầy trứng thái chỉ lên trên là được.

❀ ❀ ❀ ❀ Орц

Доггой шөл – дог 200гр, ногоон сонгино (үндэс) 1/2, өндөг 1 ширхэг
Баншны орц: татсан гахайн мах 100гр, дуфү (дөрвөлжин) 1/4, кимчи 1/4, сүгчү 100гр, пүнтүүз 30гр
Баншны амтлагч: давс, татсан сармис 1/2 хоолны халбага, цагаан гаа 1/2 цайны халбага , перец бага зэрэг
Баншны гурил: гурил 2 аяга, давс бага зэрэг, хүйтэн ус
Шөл: цагаан манжин 100гр, сонгино 1ширхэг, ногоон сонгино (үндэс) 2 ширхэг, шөлний цуу бага зэрэг

❀ ❀ ❀ ❀ Хоол хийх арга

① Баншны махыг амтална.
　- Татсан гахайн мах, бяцалсан дуфү, шүүсийг нь шахаж жижиглэсэн кимчи, сүгчү, чанаж болгосон пүнтүүзийг давс, татсан
　　сармис, цагаан гаа, перецээр амталж байна.
② Зуурсан гурилыг адил хэмжээтэй тасалж нимгэн дугуй элдэнэ.
③ Элдсэн гуриландаа махаа хийж чимхэнэ.
④ Шөлөндөө ногоогоо хийж буцалгаад шөлний цуугаар амтална.
⑤ Өнгийг жижиглэж шарна.
⑥ Буцалж байгаа шөлөнд дог баншаа хийнэ. Дог банш болсны дараа ногоон сонгино, жижиглэж шарсан өндгөө хийнэ.

모둠 나물

各种野菜
あわせナムル
Rau trộn hỗn hợp (Mô đưm na mul)
Мудым намул (Бүх төрлийн ногоо)

❀❀❀❀ **재료**

말린 취 80g, 말린 고사리80g, 호박오가리 80g, 콩나물 300g, 무 200g, 다진 마늘 2T, 들기름 2T

말린 취: 따뜻한 물에 담가 부드럽게 불린 다음, 냄비에 물을 넉넉히 부어 충분히 삶는다. 찬물에 헹군 후 물기를 짜 먹기 좋게 자른다.

말린 고사리: 따뜻한 물에 담가 부드럽게 불린 다음, 푹 삶아서 헹군 후 찬물에 3시간 정도 담갔다가 건진다.

호박오가리: 물에 가볍게 씻은 후 미지근한 물에 담가 불린다.

❀❀❀❀ **조리방법**

① 불린 나물들은 국간장, 다진 마늘을 넣어 볶는다. 어느 정도 볶아지면 물을 조금 붓고 불을 약하게 줄여 뚜껑을 덮어 잠시 둔다.

② 볶은 나물은 식힌 다음 들기름으로 맛을 낸다.

③ 콩나물은 소금으로 간하고 다진 파, 다진 마늘, 깨소금을 넣어 무친다.

④ 무는 다진 생강으로 양념해서 기름 두른 팬에 볶은 후, 참기름으로 맛을 낸다.

❋❋❋❋ 材料

干苣荬菜 80g，干蕨菜 80g，干西葫芦片 80g，黄豆芽 300g，萝卜 200g，葱花 2汤匙，蒜末 2汤匙，苏子油 2汤匙
干苣荬菜：先放在温水里泡柔软，然后在锅里煮一下，煮好后用凉水冲洗，除掉水分，切成适当大小。
干蕨菜：在温水里泡柔软，煮以后，用凉水冲洗，然后泡在凉水里，大概3个小时后捞出来。
干西葫芦片：用水简单冲洗，然后放在温水里泡一会。

❋❋❋❋ 料理方法

① 把泡好的野菜、汤用酱油、蒜末放在一起炒一下，炒到一定程度时，稍微加一点儿水，
　 调至小火，盖上锅盖放置一会儿。
② 炒好的野菜冷却后，加入苏子油调味儿。
③ 把黄豆芽用盐腌制一下，放入葱花、蒜末和芝麻盐，凉拌。
④ 在萝卜中放入生姜末调味，在油锅里炒以后，加入香油调味儿，即完成。

❋❋❋❋ 材料

乾燥白山菊(山菜) 80g、乾かしたワラビ80g、干しかぼちゃ 80g、モヤシ 300g、大根 200g、ねぎのみじん切り 2T、
ニンニクのみじん切り 2T、えごま油 2T
乾燥白山菊：暖かい水に浸してやわらかくなるまで戻した後、鍋に水をたくさんいれ充分に煮る。冷たい水にさらした
　　　　　　後、水気をとり食べやすく切る。
乾かしたワラビ：暖かい水に浸して柔らかく戻した後、じっくり煮込んでゆすいだ後冷水に 3時間位浸してから水気をきる。
干しかぼちゃ：水で軽く洗った後、ぬる水に浸してふやかす

❋❋❋❋ 料理方法(レシピ)

① 戻した材料を醤油、ニンニクのみじん切りを入れて炒める。ある程度いためたら水を少し汪いで火を弱くふたをしてしば
　 らく置く。
② 炒めたナムルはさました後 えごま油で味をつける。
③ モヤシは塩でねぎのみじん切り、ニンニクのみじん切り、ごま塩を入れて和える。
④ 大根は生姜のみじん切りで味付けして油をひいたフライパンで炒めた後、ごま油で味をつける。

❋❋❋❋ Nguyên liệu

80g rau chwynamul (truy na mul) khô, 80g rau gosari (cô sa ri) khô, 80g rau hobakogari (hô bác ô ga ri), 300g giá đỗ tương (không na mul), 200g củ cải, 2 thìa hành băm, 2 thìa tỏi băm nhỏ, 2 thìa dầu mè (thư kì rưm)
Rau chwynamul (truy na mul) khô: Sau khi ngâm vào nước ấm để rau mềm ra thì đổ nước vào nồi luộc rau lên. Luộc xong tráng và rửa sạch rau bằng nước lạnh, vắt sạch nước rồi thái nhỏ vừa miệng ăn.
Rau gosari (cô sa ri) khô: Sau khi ngâm vào nước ấm để rau mềm ra thì luộc kĩ rau lên tráng rồi ngâm rau vào nước lạnh khoảng 3 tiếng rồi vớt ra.
Rau hobakogari (hô bác ô ga ri): Sau khi rửa qua bằng nước, ngâm rau vào nước ấm.

❋❋❋❋ Cách làm

① Cho tỏi băm, xì dầu nấu canh vào các rau đã ngâm mềm ra rồi xào lên. Khi đã xào được một lát thì cho nước vào, vặn nhỏ lửa, nắp vung lại rồi đun thêm một chút để rau chín.
② Cho dầu mè vào rau xào đã làm nguội để thêm vị ngon.
③ Cho muối, hành băm, tỏi băm, vừng rang muối vào giá đỗ tương (không na mul) rồi trộn đều lên.
④ Cho gừng băm nhỏ vào củ cải, đổ dầu ăn vào chảo rồi xào lên, khi xào xong cho dầu vừng vào để thêm vị ngon.

❋❋❋❋ Орц

Хатаасан зэрлэг ногоо 80гр, хатаасан гусари 80гр, хулууны угари 80гр, буурцагны соёо 300гр, цагаан манжин 200гр, хэрчсэн сонгино 2 хоолны халбага, татсан сармис 2 хоолны халбага, гүнжидийн тос 2 хоолны халбага
Хатаасан зэрлэг ногоо: Бүлээн усанд хийж дэвтээсний дараа сайтар чанана. Чанаж болгосны дараа хүйтэн усанд сойн идэхэд амраар хэрчинэ.
Хатаасан гусари: Бүлээн усанд хийж дэвтээсний дараа сайтар чанана. Чанаж болгосны дараа хүйтэн усанд 3 цаг орчим сойно.
Хулууны угари: Усанд зайлсны дараа бүлээн усанд дэвтээнэ.

❋❋❋❋ Хоол хийх арга

① Ногоонд шөлний цуу, татсан сармис хийж хуурна.
② Хуурсан ногоог хөрсний дараа гүнжидийн тосоор амт оруулна.
③ Буурцагны соёог давс, хэрчсэн сонгино, татсан сармис, гүнжидийн үрээр амталж базна.
④ Цагаан манжинг жижиглэсэн цагаан гаагаар амтлан тосонд хууран гүнжидийн тосоор амтлана.

버섯잡채

蘑菇杂菜

きのこチャプチェ（きのこの春雨炒め）

Nấm trộn (Bơ sớt chạp tre)

Босод чабчэ (Мөөгтэй пүнтүүзтэй хуурга)

❀❀❀❀ **재료**

소고기 100g, 생표고버섯 100g, 팽이버섯 100g, 느타리버섯 100g, 당근 1/2개, 양파 1/2개, 풋고추 3개, 붉은 고추 1개

고기양념: 진간장 1/2T, 다진 마늘 1/2T, 설탕 1/2t, 참기름 1/2t, 후추 조금

버섯양념: 진간장 2T, 다진 마늘 1/2T

❀❀❀❀ **조리방법**

① 소고기는 채 썰어서 양념한다.

② 버섯들은 끓는 소금물에 살짝 데쳐 쭉쭉 찢어 양념한다.

③ 당근, 양파, 풋고추, 붉은 고추는 5cm 길이로 가늘게 채 썬다.

④ 기름 두른 팬이 달구어지면 소고기를 볶는다.

⑤ 고기가 익으면 밑간한 버섯을 넣고 빠르게 볶는다.

⑥ 채 썬 야채들을 넣어 볶는다.

⑦ 모든 재료가 익으면 소금과 간장으로 간을 하고, 식으면 참기름으로 맛을 낸다.

❀❀❀❀ 材料
牛肉 100g，生香菇 100g，金针菇 100g，秀珍菇 100g，胡萝卜 1/2个，洋葱1/2个，青辣椒 3个，红辣椒 1个
牛肉调料：浓酱油1/2汤匙，蒜末1/2汤匙，糖 1/2汤匙，香油1/2汤匙，胡椒粉 少许
蘑菇调料：浓酱油 2汤匙，蒜末1/2汤匙

❀❀❀❀ 料理方法
① 牛肉切好，放入调料。
② 把蘑菇放在盐水里焯一下，撕成小份。
③ 胡萝卜、洋葱、青辣椒、红辣椒切成长5cm的细丝。
④ 油锅油热后，放入牛肉炒一下儿。
⑤ 牛肉熟以后放入蘑菇，快速翻炒。
⑥ 放入切好的蔬菜，再炒一下儿。
⑦ 所有的材料炒熟以后，加盐和浓酱油调味儿，入味儿后在加香油调味即可。

❀❀❀❀ 材料
牛肉 100g、生シイタケ 100g、えのき 100g、ひらたけ 100g、にんじん 1/2個、たまねぎ 1/2個、青唐辛子 3個、紅唐辛子 1個
肉用合わせ調味料：濃い口醤油 1/2T、ニンニクのみじん切り 1/2t、 ゴマ油1/2t　胡椒少量
きのこ用合わせ調味料：濃い口醤油 2T、ニンニクのみじん切り 1/2T

❀❀❀❀ 料理方法(レシピ)
① 牛肉は細長くきって味付けの材料を混ぜておく。
② きのこ類は沸騰した塩水で軽くゆてて　裂いて味付けの材料を混ぜておく。
③ にんじん、玉ねぎ、青唐辛子、赤い唐辛子は 5cm の長さにし、細く千切にする。
④ 油をひいたフライパンで牛肉を炒める。
⑤ 肉に火が通った後、下味を付けたきのこ類を入れて早く炒める。
⑥ 千切にした野菜類を入れて炒める。
⑦ すべての材料に火が通ったら塩と濃い口醤油で味を調節して、冷ました後胡麻油を入れる。

❀❀❀❀ Nguyên liệu
100g thịt bò, 100g nấm hương tươi (seng phiô cô bơ sốt), 100g nấm rơm (pheng y bơ sốt), 100g nấm nutari (nư tha ri bơ sốt), 1/2 củ cà rốt, 1/2 củ hành tây, 3 quả ớt xanh, 1 quả ớt đỏ
Gia vị ướp thịt: 1/2 thìa xì dầu, 1/2 thìa tỏi băm, 1/2 thìa đường, 1/2 thìa dầu vừng (trăm ki rưm), một chút hạt tiêu
Gia vị ướp nấm: 2 thìa xì dầu, 1/2 thìa tỏi băm

❀❀❀❀ Cách làm
① Thịt bò thái sợi rồi ướp với gia vị.
② Trần qua các loại nấm bằng nước muối nhạt đun sôi rồi xé nấm ra và ướp gia vị.
③ Thái chỉ cà rốt, ớt xanh, ớt đỏ với chiều dài là 5cm.
④ Cho dầu ăn vào chảo để nóng lên rồi cho thịt bò vào và xào lên.
⑤ Thịt chín thì cho nấm đã ướp gia vị vào rồi xào thật nhanh.
⑥ Cho các loại rau củ thái sẵn vào xào cùng.
⑦ Khi tất cả đều chín thì cho muối và xì dầu vào cho vừa vị, để nguội rồi cho dầu vừng vào cho thêm vị ngon.

❀❀❀❀ Орц
үхрийн мах 100гр, сэнпюу мөөг 100гр, пэни мөөг 100гр, нитари мөөг 100гр, лууван 1/2 ширхэг, сонгино 1/2 ширхэг, дутуу боловсорсон чинжүү 3 ширхэг, улаан чинжүү 1 ширхэг
Махны амтлагч: Удаан дарсан цуу 1/2 хоолны халбага, татсан сармис 1/2 хоолны халбага, элсэн сахар 1/2 цайны халбага, гүнжидийн тос 1/2 цайны халбага, перец бага зэрэг
Мөөгний амтлагч: Удаан дарсан цуу 1/2 хоолны халбага, татсан сармис 1/2 хоолны халбага

❀❀❀❀ Хоол хийх арга
① Махыг нарийн урт хэрчээд амтлагчаар амтлана.
② Мөөгийг чанасны дараа давстай усанд сойн жижиглэсний дараа амтлана.
③ Лууван, сонгино, дутуу боловсорсон чинжүү , улаан чинжүүг 5см-н урттай нарийн хэрчинэ.
④ Хайруулын тавгийг тослож халаасны дараа үхрийн махаа хуурна.
⑤ Махаа болсны дараа мөөгнүүдээ хийн хурдан хуурна.
⑥ Нарийн хэрчсэн ногоонуудаа мах мөөгөн дээрээ хийн хуурна.
⑦ Бүгдийг хуурсны дараа давс болон удаан дарсан цуугаар амтлан эцэст нь гүнжидийн тосоор амтлана.

부추전

韭菜饼
ブチュジョン(ニラ チヂミ)
Hẹ rán bột mì (Bu tru chơn)
Бүчү жон (Жууцайны гамбир)

부추 반 단, 밀가루 1컵, 계란, 다진 마늘 1/2T, 소금 조금, 풋고추 3개, 붉은 고추 1개, 식용유
초간장: 진간장 2T, 식초 1t, 풋고추, 붉은 고추, 다진 양파

❋ ❋ ❋ ❋ 조리방법

① 부추는 다듬어 5cm 길이로 자른다.
② 부추에 소금, 마늘을 넣고 밀가루를 뿌린다.
③ 부추에 밀가루가 고루 묻으면 달걀을 넣고 숟가락으로 살살 섞어 반죽을 한다.
④ 팬에 기름을 넉넉히 둘러 부추 반죽을 먹기 좋은 크기로 떠 넣고 채 썬 풋고추, 붉은 고추를 얹어 납작하게
  모양을 만든 후 지져낸다.

❋❋❋❋ 材料

韭菜 半捆儿，面粉 1杯，鸡蛋，蒜末1/2汤匙，盐 少许，青辣椒 3个，红辣椒 1个，食用油
蘸料：浓酱油 2汤匙，醋 1汤匙，青辣椒，红辣椒，洋葱末

❋❋❋❋ 料理方法

① 把韭菜按5cm长短切好。
② 在韭菜中加入盐、蒜末和面粉。
③ 韭菜上均匀地沾上面粉，放入鸡蛋，用勺子轻轻搅拌均匀。
④ 炒锅中均匀地加入食用油，把和好的面糊放入锅里，然后把切好的青辣椒和红辣椒
  平放在上面，等饼煎好，即可食用。

❋❋❋❋ 材料

にら　束半分、小麦粉 1カップ、卵、ニンニクのみじん切り 1/2T、塩　少量、青唐辛子 3個、
紅唐辛子 1個、食用油
酢醤油：濃い口醤油 2T、酢 1t、青唐辛子、紅唐辛子、タマネギのみじん切り

❋❋❋❋ 料理方法(レシピ)

① にらはきれいに洗って 5cmの 長さで切る。
② そのにらに塩、ニンニク、小麦粉を混ぜる。
③ にらに小麦粉が均等に混ぜ合わされば卵を入れてさじでしこしずつ混ぜ合わせる。
④ フライパンに油を十分にひき混ぜ合わせた材料を食べやすい大きさになるように入れて千切にした青唐辛
  子、赤い唐辛子を平たくなるようにのせてこんがりと焼く。

❋❋❋❋ Nguyên liệu

nửa bó hẹ, 1 cốc bột mì, trứng, 1/2 thìa tỏi băm, một chút muối, 3 quả ớt xanh, 1 quả ớt đỏ, dầu ăn
Tương xì dầu: 2 thìa xì dầu, 1 thìa dấm, ớt xanh, ớt đỏ, hành củ băm nhỏ

❋❋❋❋ Cách làm

① Nhặt hẹ rồi thái thành đoạn dài 5cm.
② Cho muối, tỏi và bột mì vào hẹ.
③ Khi hẹ dính đủ lượng bột mì thì cho trứng vào rồi dùng thìa nhẹ nhàng nhào bột.
④ Cho dầu ăn vào ngập đáy chảo, múc bột đã nhào với lượng vừa ăn rồi đổ vào chảo, cho ớt xanh, ớt đỏ
  đã thái chỉ sẵn lên trên và ấn dẹt, rán giòn lên.

❋❋❋❋ Орц

Жууцай тал багц, гурил 1 аяга, өндөг, татсан сармис 1/2 хоолны халбага, давс бага зэрэг, дутуу боловсорсон
чинжүү 3 ширхэг, улаан чинжүү 1 ширхэг, ургамлын тос
Амтлагч цуу: удаан дарсан цуу 2 хоолны халбага, цагаан цуу 1 цайны халбага, дутуу боловсорсон чинжүү,
          улаан чинжүү, жижиглэж хэрчсэн сонгино

❋❋❋❋ Хоол хийх арга

① Жууцайг цэвэрлэн 5см-н урттай хэрчинэ.
② Гуриланд давс, татсан сармис, жууцайгаа хийж зуурна.
③ Гуриландаа өндгөө хийж хутгана.
④ Хайруулын тавгаа тослон зуурмагаа хийж дээр нь нарийн хэрчсэн дутуу боловсорсон чинжүү, улаан
  чинжүү цацан шаргал болтол нь шарна

새송이버섯 산적

松茸烹饪
セソンイポソ　サンジョク（新松茸 の串焼き）
Nấm thông rán (Se song y bơ sót san chóc)
Сэ суны босод санжог (Шинэ сэни мөөгний шорлог)

❄❄❄❄ **재료**

새송이버섯 4개, 쪽파 20뿌리, 식용유, 산적꽂이
양념: 진간장 2T, 물 2T, 설탕 1T, 청주 1T, 맛술 1t, 다진 마늘 1t, 깨소금 1t , 참기름 1t, 후추 조금

❄❄❄❄ **조리방법**

① 새송이버섯은 모양대로 도톰하게 자른다.
② 쪽파는 다듬어 씻은 후 새송이버섯과 비슷한 길이로 자른다.
③ 양념장을 만든다.
④ 산적꽂이에 새송이버섯과 쪽파를 차례대로 끼우고 양념장을 고루 바른다.
⑤ 팬에 식용유를 약간 두르고 앞뒤로 노릇하게 굽는다.

❄ ❄ ❄ ❄ 材料

材料松茸(松口蘑）4个，小葱20根，食用油，串儿用竹签

调料：浓酱油2汤匙，水2汤匙，糖1汤匙，清酒1汤匙，料酒1汤匙，蒜末1汤匙，芝麻盐1汤匙，香油1汤匙，
胡椒粉 少许

❄ ❄ ❄ ❄ 料理方法

① 把松茸按照原来的形状切成厚片。
② 把小葱洗好，按松茸大小切好。
③ 调好调味酱。
④ 用签子把松茸和小葱按顺序串好，均匀的涂上作料。
⑤ 在锅里加一点儿食用油，上下翻面煎后即可。

❄ ❄ ❄ ❄ 材料

新松茸 4個、わけぎ 20本、食用油、サンジョク串

たれ：濃い口醤油 2T、水 2T、糖 1T、日本酒 1T、料理酒 1t、ニンニクのみじん切り 1t、ごま塩 1t 、
胡麻油 1t、胡椒　少量

❄ ❄ ❄ ❄ 料理方法(レシピ)

① 新松たけは繊維にそって厚目に切る。
② わけぎはきれいに洗って新松たけと同じ長さに切る。
③ たれを作る。
④ 串に新松たけとわけぎを順番どおり挟んでたれを十分に塗りつける。
⑤ フライパンに食用油少しひいて両面をこんがりと焼き色がつくように焼く。

❄ ❄ ❄ ❄ Nguyên liệu

4 củ nấm thong (se sông y bơ sót), 20 phần thân trắng hành lá nhỏ jokpa (chốc pha), dầu ăn, que xiên nấm

Gia vị: 2 thìa xì dầu, 2 thìa nước, 1 thìa đường, 1 thìa rượu cheongju (trơng chu), 1 thìa rượu tạo vị ngon (mạt
sul), 1 thìa tỏi băm, 1 thìa vừng rang muối (ke sô kưm), 1 thìa dầu vừng (trăm ki rưm), một chút hạt tiêu

❄ ❄ ❄ ❄ Cách làm

① Nấm thông thái dầy theo hình nấm.
② Hành nhặt sạch, rửa rồi cắt thành đoạn dài bằng nấm.
③ Làm gia vị.
④ Cắm nấm và hành vào que xiên rồi bôi gia vị lên nấm và hành.
⑤ Cho một chút dầu ăn vào chảo, đợi hơi nóng lên thì rán hai mặt đến khi vàng rộm lên là được.

❄ ❄ ❄ ❄ Орц

Шинэ сэни мөөг 4 ширхэг, таримал ногоон сонгино 20 ширхэг, ургамлын тос, шорлогны төмөр

Амтлагч: Удаан дарсан цуу 2 хоолны халбага, ус 2 хоолны халбага, элсэх чихэр 1 хоолны халбага, цагаан
будааны архи 1 хоолны халбага, хоолонд хэрэглэдэг архи 1 цайны халбага, гүнжидийн үр 1 цайны
халбага, гүнжидийн тос 1 цайны халбага, перец бага зэрэг

❄ ❄ ❄ ❄ Хоол хийх арга

① Шинэ сэни мөөгийг өргөн том хэрчинэ.
② Таримал ногоон сонгиныг цэвэрлэсний дараа шинэ сэни мөөгтэй адил хэмжээтэй хэрчинэ.
③ Амтлагчыг бэлдэнэ.
④ Шорлогны төмрөнд шинэ сэни мөөг болон таримал ногоон сонгиноо шорлон амтлагчаа дээр нь түрхэнэ.
⑤ Хайруулын тавгаа тослон шорлогоо эргүүлж тойруулан шаргалттал шарна

오곡밥

五谷饭
雑穀ご飯
Cơm ngũ cốc (Ô cộc bạp)
Угуг баб (Таван зүйлийн будааны холимог)

❀ ❀ ❀ ❀ 재료

찹쌀 3컵, 차조 1/2 컵, 수수 1컵, 검은콩 1/2컵, 붉은 팥 1/2컵, 소금 조금

❀ ❀ ❀ ❀ 조리방법

① 찹쌀, 수수, 검은콩은 충분히 불렸다가 건지고, 차조와 팥은 씻어서 바로 건진다.
② 팥은 바닥이 두꺼운 냄비에 충분히 삶다가 끓어오르면 첫물은 버리고, 다시 물을 부어 팥알이 터지지 않을
   정도로 삶아 건진다. 팥물은 따로 받아 두었다가 오곡밥을 지을 때 밥물로 쓴다.
③ 불린 찹쌀과 차조, 수수, 검은콩, 삶은 팥을 솥에 안쳐 고루 섞는다.
④ 물에 팥을 삶은 물을 합하여 소금 간을 한 후, 물을 조금 적게 잡아 밥을 한다.
⑤ 뜸을 충분히 들인다.

❋❋❋❋ 材料

糯米 3杯，粘谷子 1/2杯，高粱米 1杯，黑豆 1/2杯，红豆 1/2杯，盐 少许

❋❋❋❋ 料理方法

① 把糯米、高粱米和黑豆充分泡好，捞出来。粘谷子和红豆洗好，泡在水里。
② 把红豆放在比较厚的锅里煮开，除去杂质。然后再加水煮红豆，不要把红豆煮碎，然后捞出来。红豆水放在一边，做五谷饭时使用。
③ 把泡好的糯米、谷子、高粱米和黑豆放在煮好的红豆里，搅拌均匀。
④ 煮好的红豆水和水混合，加盐调味儿。稍微少加一点儿水，开始煮饭。
⑤ 煮好后，焖一会即可。

겨울
冬天
冬
Mùa đông
Өвөл

❋❋❋❋ 材料

もち米 3カップ、もちあわ 1/2 カップ、とうもろこし 1カップ、黒豆 1/2 カップ、 小豆 1/2 カップ、塩少量

❋❋❋❋ 料理方法(レシピ)

① もち米、とうもろこし、黒豆は充分に水に浸してからざるにあげ、もちあわと小豆は洗ってすぐざるにあげる。
② 小豆は厚鍋で煮、煮立ったら最初の水はすて、また水を注いで小豆が煮崩れない用に煮る。小豆を煮たゆで汁は別にとっておいて五種の雑穀ご飯を炊く時に使う。
③ 水に浸しておいたもち米ともちあわ、とうもろこし、黒豆、ゆでた小豆を釜にいれてよくまぜる。
④ 水に小豆をゆでた水をまぜて塩味をつけた後、水の分量を少し少なくして飯を炊く。
⑤ 十分に蒸らす。

❋❋❋❋ Nguyên liệu

3 cốc gạo nếp, 1/2 cốc hạt chajo (tra chô), 1 cốc hạt susu (su su), 1/2 cốc đỗ đen (gơmưn không), 1/2 cốc đậu (phạt), một chút muối

❋❋❋❋ Cách làm

① Ngâm gạo nếp, hạt susu, đỗ đen trong khoảng thời gian vừa đủ, vớt ra, hạt chajo và đậu rửa sạch rồi cũng vớt ra ngay.
② Luộc đậu trong nồi dầy, khi nước sôi trào lên thì bỏ nước đầu đi, cho nước lạnh vào và tiếp tục đun đến khi hạt đậu chín thì vớt ra nhưng không để bị nứt. Nước luộc đậu để riêng ra dùng khi nấu cơm ngũ cốc.
③ Cho gạo nếp, hạt chajo và hạt susu, đỗ đen đã ngâm mềm vào nồi vừa luộc đậu rồi trộn đều lên.
④ Cho thêm ít nước vào nước luộc đậu, nêm một chút muối rồi nấu cơm với lượng nước vừa đủ.
⑤ Vần cơm chín kĩ bằng hơi .

❋❋❋❋ Орц

наанги будаа 3 аяга, чагуг 1/2 аяга, сүсү 1 аяга, хар буурцаг 1/2 аяга, улаан буурцаг 1/2 аяга, давс бага зэрэг

❋❋❋❋ Хоол хийх арга

① Наанги будаа, сүсү, хар буурцгийг усанд сайтар дэвтээн чажу, улаан буурцгийг усаар сайтар угаана.
② Улаан буурцгийг ширмэн саванд сайтар буцалган усыг нь сольж дахин буцалгана. Буцалгахдаа улаан буурцгийн үрийг задраахгүй байх хэрэгтэй. Улаан буурцаг чанасан усаа асгалгүй 5 зүйлийн будааны жигнэмэг хийхдээ ашиглана.
③ Дэвтсэн наанги будаа, сүсү, хар буурцаг болон чанасан улаан буурцгийг тогоонд хийж сайтар холино.
④ Усанд улаан буурцаг чанасан уснаасаа холин бага зэргийн давс хийжбудаагаа агшаана.
⑤ Будааг болтол нь сайн агшаана.

오징어채 조림

魷鱼丝烹饪
いか料理
Mực khô xé sợi rim (Ô ching ơ tre chô rim)
Ужиночэ журим (Хэрчсэн далайн арваалжны жигнэмэг)

✿✿✿✿ **재료**

오징어채 200g, 식용유 1T, 통깨 조금
양념장: 진간장 2T, 다진 파 1/2T, 다진 마늘 1t, 다진 생강 1t

✿✿✿✿ **조리방법**

① 오징어채는 먹기 좋은 크기로 잘라 놓고, 맛을 보아 짠 것은 물에 살짝 씻는다.
② 팬에 기름을 두르고 오징어채를 볶는다.
③ 볶은 오징어채에 양념장을 조금씩 뿌려가며 간을 맞춘 후에 통깨를 뿌려낸다.

❀❀❀❀ 材料

鱿鱼丝 200g，食用油 1汤匙，芝麻 少许

调料：浓酱油 2汤匙，葱花 1/2汤匙，蒜末 1汤匙，生姜末 1汤匙

❀❀❀❀ 料理方法

① 把鱿鱼丝切成适当大小，咸时，在水里稍微洗一下。

② 往锅里倒油，炒鱿鱼丝。

③ 适当加入调料，调好味儿后，撒上芝麻即完成。

❀❀❀❀ 材料

いか200g、食用油 1T、ごま少量

たれ：濃い口醤油 2T、ねぎのみじん切り 1/2T、ニンニクのみじん切り 1t、生姜のみじん切り 1t

❀❀❀❀ 料理方法(レシピ)

① いかは食べやすい大きさに切っておき、塩水でさっと洗う。

② フライパンに油をひいていかを炒める。

③ 炒めたいかにたれを少しずついれ塩加減を調節しごまをふりかける。

❀❀❀❀ Nguyên liệu

200g mực khô xé sợi, 1 thìa dầu ăn, một chút vừng rang

Gia vị: 2 thìa xì dầu, 1/2 thìa hành băm, 1 thìa tỏi băm nhỏ, thìa gừng băm nhỏ

❀❀❀❀ Cách làm

① Mực kho xé sợi cắt nhỏ vừa ăn, nếu nếm thấy mặn thì rửa qua nước.

② Cho dầu ăn vào chảo ham nóng rồi rang mực kho xé sợi len.

③ Cho gia vị vào mực đã rang, nếm thấy vừa thì rắc vừng len tren.

❀❀❀❀ Орц

Хэрчсэн далайн арваалж 200гр, ургамлын тос 1 хоолны халбага, гүнжид (үр) бага зэрэг

Амтлагч: Удаан дарсан цуу 2 хоолны халбага, хэрчсэн сонгино 1/2 хоолны халбага, татсан сармис 1 цайны халбага, цагаан гаа 1 цайны халбага

❀❀❀❀ Хоол хийх арга

① Далайн арваалжыг жижиглэж хэрчээд усанд сайтар зайлна.

② Халаасан хайруулын тавганд хэрчсэн далайн арваалжыг хуурна.

③ Хуурсан далайн арваалжин дээр амтлагчаа түрхсэний дараа гүижид үрээ дээр нь цацна.

우거지갈비탕

干白菜排骨汤
白菜カルビタン
Canh sườn lá củ cải phơi khô (U cơ chi cal bi thang)
Угожи калбитан (Угожи хавиргатай шөл)

❋ ❋ ❋ ❋ 재료

소갈비 1kg, 우거지 100g, 대파 2뿌리, 다진 마늘 1T, 된장 3T, 고춧가루 2T, 국간장 2T, 무 1/4개

❋ ❋ ❋ ❋ 조리방법

① 갈비는 작게 토막을 내어 흰 기름을 떼어내고 찬물에 담가 핏물을 뺀다.
② 우거지는 푹 삶아 찬물에 냄새를 우려낸다.
③ 핏물을 뺀 갈비는 대파 1뿌리, 양파 1개, 무 1/4개를 넣어 양념한다. 국물은 차게 식혀서 기름을 걷어낸다.
④ 삶은 우거지는 된장, 고춧가루, 다진 마늘을 넣어 주물러 놓는다.
⑤ 국물에 갈비와 양념한 우거지를 넣고 은근하게 푹 끓인다.
⑥ 어슷하게 썬 대파를 넣어 끓인 후에 그릇에 담는다.

※ ※ ※ ※ **材料**

牛排骨 1kg，干白菜 100g，大葱 2根，蒜末 1汤匙，黄酱 3汤匙，辣椒粉 2汤匙，汤用酱油 2汤匙，萝卜 1/4个

※ ※ ※ ※ **料理方法**

① 把排骨切成小段，去掉油脂，再放进凉水里泡干净。
② 把干白菜煮一下儿，再放入凉水里，泡出味儿来。
③ 排骨中放入1根大葱、1个洋葱和1/4的萝卜调味儿。排骨汤冷却后、除去汤表面漂着的油脂。
④ 把黄酱、辣椒粉和蒜末、放入煮好的干白菜里、搅拌、揉匀。
⑤ 在汤里加入排骨和调好味儿的干白菜、炖烂。
⑥ 放入切好的葱花儿，煮一会儿即完成。

※ ※ ※ ※ **材料**

牛肉カルビ 1kg、白菜 100g、長ねぎ 2本、ニンニクみじん切り 1T、みそ 3T、唐辛子の粉 2T、醤油 2T、大根 1/4個

※ ※ ※ ※ **料理方法(レシピ)**

① カルビは小さく切り身脂身を取り冷水に浸して血抜きをする。
② 白菜はさっと煮て冷水につけにおいを取っておく。
③ カルビは長ねぎ1本、たまねぎ1個、大根 1/4個を入れて味付けする。スープは冷たくひやして油を取り除く。
④ ゆでた白菜はみそ、唐辛子の粉、ニンニクのみじん切りを入れてもんでおく。
⑤ スープにカルビと味付けした白菜を入れて十分に煮込む。
⑥ 斜めに切った長ねぎを入れて煮た後、うつわに盛り付ける。

※ ※ ※ ※ **Nguyên liệu**

1kg sườn bò, 100g lá củ cải phơi khô, 2 phần thân trắng hành lá to daepa (để pha), 1 thìa tỏi băm nhỏ, 3 thìa tương, 2 thìa ớt bột, 2 thìa xì dầu nấu canh, 1/4 củ cải

※ ※ ※ ※ **Cách làm**

① Sườn chặt nhỏ, bỏ mỡ rồi ngâm vào nước lạnh để máu đọng trong xương thoát ra nước.
② Luộc kĩ lá củ cải phơi khô rồi ngâm vào nước lạnh để hết mùi lá khô.
③ Cho các gia vị gồm 1 phần thân trắng hành lá to daepa, 1 củ hành tây, 1/4 củ cải vào sườn rồi cho nước vào đun lên. Đun xong làm nguội nước đun sườn và vớt láng mỡ bỏ đi.
④ Cho tương, ớt bột, tỏi băm vào lá củ cải phơi khô đã được đun kĩ rồi trộn đều lên,
⑤ Cho sườn và lá củ cải phơi khô đã được ngâm gia vị vào nước đun sườn và ninh thật nhừ.
⑥ Cho hành thái lát nghiêng vào, đun sôi lên rồi đơm ra bát.

※ ※ ※ ※ **Орц**

Үхрийн хавирга 1кг, үгожи 100гр, ногоон сонгино (үндэс) 2ширхэг, татсан сармис 1 хоолны халбага, туэнжан 3 хоолны халбага, чинжүүн нунтаг 2 хоолны халбага, шөлний цуу 2 хоолны халбага, цагаан манжин 1/4 ширхэг

※ ※ ※ ※ **Хоол хийх арга**

① Хавирыг жижиглэж хуваагаад өөхийг нь авч хүйтэн усанд сайн зайлна.
② Үгожийг ялз чанан хүйтэн усанд сойно.
③ Хавирганд ногоон сонгино (үндэс) 1ширхэг, сонгино 1 ширхэг, цагаан манжин 1/4 ширхэгийг хийж амтлана. Шөлийг сайн хөргөж тосыг нь авна.
④ Чанасан үгожийг хүйтэн усанд сойно.
⑤ Шөлөнд хавирга болон амталсан үгожийг хийж сайтар буцалгана.
⑥ Жижиглэсэн ногоон сонгиноо хийж буцалгаад таваглана.

우엉조림

炖牛蒡
ゴボウの煮つけ
Củ Ueong rim (U ơng chô rim)
Ұон журим (Жигнэсэн ұон)

❄ ❄ ❄ ❄ **재료**

우엉 300g, 소금 조금
조림양념: 진간장 3T, 마늘즙 1/2T, 생강즙 1t, 물엿 2T, 통깨 조금

❄ ❄ ❄ ❄ **조리방법**

① 우엉은 껍질을 벗기고 5cm 길이로 잘라 굵게 채로 썰어 소금물에 담가 두거나 끓는 물에 식초를 조금 넣고 아삭하게 데쳐낸다.
② 우엉이 잠길 정도로 물의 양을 조절하고 진간장을 넣어 약한 불에 조린다.
③ 우엉에 간이 배면 마늘즙, 생강즙, 물엿, 통깨를 넣고 주걱으로 뒤적이며 윤기가 나도록 조려낸다.

❋❋❋❋ **材料**

牛蒡 300g，盐 少许

调料：浓酱油 3汤匙，大蒜汁1/2汤匙，生姜汁1汤匙，糖稀2汤匙，芝麻 少许

❋❋❋❋ **料理方法**

① 牛蒡去皮，切成长5cm的粗丝，泡在盐水里，然后再开水中加入少许醋，把牛蒡焯一下儿。

② 把牛蒡泡在水里，水深刚好没过牛蒡，加入浓酱油，然后小火儿煮。

③ 牛蒡入味儿后，加入蒜汁、生姜汁、糖稀和芝麻，用勺子翻几下，直至出现色泽即完成。

❋❋❋❋ **材料**

ゴボウ 300g、塩少量

合わせ調味料：濃い口醤油 3T、ニンニク汁 1/2T、生姜汁 1t、水飴 2T、ごま少量

❋❋❋❋ **料理方法(レシピ)**

① ゴボウは皮をむいて5cmの長さで切って太く千切りに切り、塩水に浸しておくか沸騰したお湯に酢を少し入れてさっと湯がいておく。

② ゴボウが浸るほど水を入れた中に濃い口醤油を入れ、弱火で煮る。

③ ゴボウに味がついたら、ニンニク汁、生姜汁、水飴、ごまを入れてへらで混ぜ合わせながらつやが出るまで煮る。

❋❋❋❋ **Nguyên liệu**

300g củ ueong (u ơng), một chút muối

Gia vị rim: 3 thìa xì dầu, 1/2 thìa nước tỏi ép, 1 thìa nước gừng ép, 2 thìa nước đường cô, một chút vừng rang

❋❋❋❋ **Cách làm**

① Lọt vỏ củ ueong, cắt thành đoạn dài khoảng 5cm rồi ngam vào nước muối hay trần qua nước soi có cho them một chút dấm để củ ueong được giòn.

② Cho nước ngập củ ueong, cho xì dầu vào và rim nhỏ rửa.

③ Khi củ ueong đã ngấm gia vị, cho nước tỏi ép, nước gừng ép, nước đường co, vừng vào rồi dùng muoi lạt củ ueong lại và đun them để bề mặt củ ueong bóng len là được.

❋❋❋❋ **Орц**

Уон 300гр, давс бага зэрэг

Амтлагч: Удаан дарсан цуу 3 хоолны халбага, сармисны шүүс 1/2 хоолны халбага, цагаан гааны шүүс 1 цайны халбага, сахарны ёд 2 хоолны халбага, гүнжид (үр) бага зэрэг

❋❋❋❋ **Хоол хийх арга**

① Уоны хальсыг цэвэрлэж 5cm урттай өргөн хэрчин давстай усанд дэвтээх юмуу, уксус бага зэрэг хийж буцлагасан усанд хийж дэвтээнэ.

② Уоныг үл ялих далдлах усанд хийж удаан дарсан цуугаар амтлан зэөөлөн гал дээр жигнэнэ.

③ Уоны амт таарсны дараа сармисны шүүс, цагаан гааны шүүс, сахарны ёд, гүнжид хийж хутгаад таваглана.

육개장

細丝牛肉汤
ユッケジャン
Canh rau thịt bò (Yúc ke chang)
Юггэжан (Халуун ногоотой үхрийн махан шөл)

❀❀❀❀ **재료**

소고기(양지머리) 400g, 대파 3뿌리, 양파 1/2개, 고사리 100g, 토란대 100g, 숙주나물 100g
고추기름: 식용유 2T, 고운 고춧가루 1T
양념: 다진 마늘 1T, 다진 생강 1t, 국간장 3T, 고춧가루 3T, 후추, 소금 조금

❀❀❀❀ **조리방법**

① 냄비에 물을 넉넉히 붓고 소고기, 대파, 양파를 넣어 푹 삶은 후에 국물을 채에 거른다.
② 삶아 익힌 고기는 결대로 가늘게 찢는다.
③ 고사리와 토란대는 삶아 5cm 길이로 자른다.
④ 대파는 끓는 물에 살짝 데쳐 찬물에 헹군다.
⑤ 팬에 식용유 2T를 넣어 달구어지면 불을 약하게 하고 고운 고춧가루를 넣어 볶아준다.
⑥ ⑤에 소고기, 고사리, 토란대, 숙주나물을 넣고 양념을 한다.
⑦ ①을 팔팔 끓인 후 ⑥을 넣고 더 끓여준다.

❈❈❈❈ 材料

牛肉(牛排骨肉) 400g，大葱 3根，洋葱1/2个，蕨菜 100g，芋头 100g，绿豆芽 100g
辣椒油：食用油 2汤匙，细辣椒粉 1汤匙
调料：蒜末 1汤匙，生姜末 1汤匙，汤用酱油 3汤匙，辣椒粉 3汤匙，胡椒粉、盐 少许

❈❈❈❈ 料理方法

① 在锅里放入充足的水，放入牛肉，大葱和洋葱煮烂后，把汤过滤出来。
② 把煮好的牛肉撕碎。
③ 把蕨菜和芋头切成长5cm的小段。
④ 把葱放在开水里焯一下儿，然后用冷水冲洗。
⑤ 在锅里加入2汤匙食用油，加热后，调到小火，放入细辣椒粉炒一下儿。
⑥ ⑤中放入牛肉、蕨菜、芋头和绿豆芽，搅拌均匀。
⑦ 把①中倒出的肉汤煮开，放入⑥后，再煮开即完成。

❈❈❈❈ 材料

牛肉(胸肉) 400g、長ねぎ 3本、たまねぎ 1/2個、ワラビ 100g、芋茎 100g、もやし 100g
唐辛子油：食用油 2T、唐辛子の粉 1T
合わせ調味料：ニンニクのみじん切り 1T、生姜のみじん切り 1t、醤油 3T、唐辛子粉 3T、胡椒、塩 少量

❈❈❈❈ 料理方法(レシピ)

① 鍋に水を十分に注ぎ、牛肉、大きく切ったなが葱、玉ねぎを入れて煮込んだ後、野菜を取り出す。
② 煮る肉は繊維にそって細く裂く。
③ ワラビと芋茎は煮て 5cm の長さに切る。
④ ねぎは沸騰したお湯で軽くゆでて冷水にさらす。
⑤ フライパンに食用油 2Tを入れ熱し弱火で唐辛子粉を入れて軽く炒める。
⑥ ⑤に牛肉、ワラビ、芋茎、もやしを入れて合わせ調味料を入れ味付けをする。
⑦ ①の残った汁を沸騰させ ⑥を入れ更に煮立てる。

❈❈❈❈ Nguyên liệu

400g thịt bò (phần thịt giẻ sườn: yang chi mơ ri), 3 phần thân trắng hành lá to daepa (đê pha), 1/2 củ hành tây, 100g rau gosari (kô sa ri), 100g dây khoai sọ (thô ran tê), 100g giá đỗ xanh (súc chu na mul)
Dầu ớt: 2 thìa dầu ăn, 1 thìa ớt bột mịn
Gia vị: 1 thìa tỏi băm, 1 thìa gừng băm, 3 thìa xì dầu nấu canh, 3 thìa ớt bột, hạt tiêu và một chút muối

❈❈❈❈ Cách làm

① Cho nước vào gần đầy nồi, cho thịt bò, than hành, củ hành tay vào và luộc kĩ len rồi lọc lấy nước.
② Thịt bò luộc xé mỏng ra theo thớ.
③ Luộc rau gosari (ko sa ri) và day khoai sọ (tho ran te) rồi cắt thành đoạn dài khoảng 5cm.
④ Giá trần qua nước soi rồi tráng lại bằng nước lạnh.
⑤ Cho 2 thìa dầu ăn vào chảo, soi len thì vặn nhỏ lửa, cho ớt bợt mịn vào rang len.
⑥ Cho thịt bò, rau gosari, day khoai sọ và giá vào ⑤ rồi cho gia vị vào.
⑦ Sau khi đun nước luộc ① soi len cho ⑥ vào và đun them chút nữa là được.

❈❈❈❈ Орц

Үхрийн мах 400гр, ногоон сонгино 3ширхэг, сонгино 1/2 ширхэг, гусари 100гр, турандэ 100гр, сүгжү ногоо 100гр
Чинжүүн тос: Ургамалын тос 2 хоолны халбага, нарийн ширхэгтэй нунтаг чинжүү
Амтлагч: татсан сармис 1 хоолны халбага, татсан цагаан гаа 1 цайны халбага, шөлний цуу 3 хоолны халбага, нунтаг чинжүү 3 хоолны халбага, перец, давс бага зэрэг

❈❈❈❈ Хоол хийх арга

① Тогоотой усанд мах, ногоон сонгино, бөөрөнхий сонгиноо бүхлээр нь хийн чанана.
② Ялз чанасан махаа гараараа нарийн урт таслана.
③ Гусари, турандэг чанасны дараа 5см-н урттай хэрчинэ.
④ Ногоон сонгиноо буцалсан усанд хальт болгон хүйтэн усанд сойно.
⑤ Хайруулын тавганд 2 хоолны халбага ургамлын тосоо хийж сайтар халсны дараа нарийн нунтаг чинжүүгээ хийж зөөлөн гал дээр хуурна.
⑥ Чинжүүн тосонд үхрийн мах, гусари, турандэ, сүгжү ногоог хийж амтлана.
⑦ Шөл пор пор буцалсны дараа амтласан мах ногоогоо хийж дахин буцалгана.

다국어
요리백과

행복반찬

초판발행 2011년 8월 16일
초판 3쇄 2019년 1월 11일

엮은이 청원군다문화가족지원센터
펴낸이 채종준
기 획 조은영
편집디자인 김은정
표지디자인 이효정

펴낸곳 한국학술정보(주)
주소 경기도 파주시 회동길 230 (문발동)
전화 031 908 3181(대표)
팩스 031 908 3189
홈페이지 http://ebook.kstudy.com
E-mail 출판사업부 publish@kstudy.com
등록 제일산—115호(2000. 6. 19)

ISBN   978-89-268-2481-8 03300 (Paper Book)
         978-89-268-2482-5 08300 (e-Book)